祈禱的力量

一行禪師
Thich Nhat Hanh◎著

施郁芬◎譯

The Energy of Prayer

How to Deepen Your Spiritual Practice

目錄

導讀

賴瑞・道西醫師（Larry Dossey, MD）

祈禱這件事是全球性的。就我們所知，從古到今還沒有任何一個文化沒有祈禱這件事。人們在快樂及悲傷時祈禱，在慶典及災難發生時祈禱，在出生及死亡時祈禱，在平時和戰時、在教堂和車子內、在貧困和富足時都會祈禱。祈禱似乎是我們與生俱來的本能。

就像宇宙的背景哼吟聲（hum）自宇宙初始即迴

盪在整個宇宙一樣，祈禱也一直存在於地球，像是不間斷的全球吟唱。而就像是宇宙的背景哼吟聲一樣，祈禱提醒我們飲水思源。因為祈禱就是與神（Absolute）溝通，神就是我們的根源，我們與其連結，也將回歸祂的懷抱。除此之外，難道祈禱還能有其他意義嗎？

愛因斯坦曾說他本來了解他的相對論，但數學家插手後他就不懂了。同樣地，我常覺得我本來了解祈禱的，但是讀了神學家和哲學家們的言論著作後就不懂了。這也是我佩服一行禪師這本書的原因之一：它全然的簡單。對他而言，祈禱就像呼吸和行走一樣自然，甚至還更簡單。祈禱不單是我們所做的，也是我們本身。最終，我們說「祢」、「汝」或是「嘿！你」其實無關緊要，祈禱真正的關鍵在於我們的態度和心。

羅素爵士（Lord Bertrand Russell）曾說：「神經崩潰的前兆之一就是相信自己所做的工作極度重要。」我有時候覺得那些以祈禱為題的作家們有心理不正常的傾向，因為他們太嚴肅了，似乎認為幽默是種心理弱點。但這本書絕不會如此。相反地，就像一行禪師通行全球的一貫作品風格，這本書帶給讀者輕快和喜悅。

對我而言，「嚴肅的祈禱」（serious prayer）像是聰明蠢蛋（oxymoron）一樣矛盾。我比較喜歡「誠摯的祈禱」（sincere prayer）這種想法。誠摯祈禱可以有輕快的心，嚴肅祈禱則不行。類同這種觀點，基督教作家查司特敦（G. K. Chesterton）說：「要測試一個宗教好不好的方法，就是看你是否可以開它玩笑。」如果他說的對，我們就要懷疑這世上究竟有沒有好宗教了。謝天謝地，還好有人可以跳脫這種西方宗教共有的鬱悶感。例如：在我和妻子芭芭拉對一群醫生演講「靈性在醫療照護的角色」之後，有位女外科醫生和我們分享她進手術房前必做的禱告。她舉起雙手祈禱：「親愛的神，這雙手是祢的手。請別令自己尷尬。」查司特敦知道有些人無法嘲笑自己的靈修，所以他又說：「有個很好的笑話就是，究竟及神聖的事物是不容批評的。」

在我的行醫生涯裡，我們進入了一個祈禱的黃金期。祈禱再現於美國許多醫院和診所裡了。在一九九○年代初期，全美一百二十五家醫學院只有三家開授有關靈修的課程。現在，大約有九十多所醫學院開授課程探討靈修和健康的關係。醫學院學生現在被教導要詢問病人的靈修經歷。研究發現，信仰某種宗教或遵循某種靈修之道的人比其他人活得久；一般而言，罹患重大疾病的比例也比較低。至於是信仰什麼宗教或做什麼靈修則沒有差別。這個資料在醫學界引起相當的關注，因為身為醫生，我們怎能不告知病人有辦法可以幫助他們活得比較久又比較健康呢？

但是醫生們該如何回應這樣的發展呢？我的一個好友兼內科同事，對這些祈禱有用的證據很感興趣，並決定把祈禱納入他行醫工作的一部分。但是他要怎麼做才能既有禮又不會冒昧呢？他寫了一段話，讓護士交給每一位來求診的病人。這段話只是說：「我研讀過有關祈禱的研究和證據，我相信祈禱對你有益。不過，如果你不希望我為你祈禱，只要在這張表上簽名並交還給護士，我就不會把你的名字列入我的祈禱名單。」幾年過去了，從來沒有人簽這張表。

哲學家賀爾（Manly P. Hall）曾說：「有一種人在心裡總是把神和維他命搞在一起。」換句話說，就像人們服用維他命以促進健康一樣，人們祈禱好讓自己活得比較久、比較健康。如果我們祈禱只是為了這一點，那祈禱只不過是黑色醫療箱裡的一個新工具而已。祈禱要比工具莊嚴得多。祈禱是連結到神的橋樑。如果我們長壽健康，的確是神賜福保佑。但如果沒有，就像很多聖者和神祕主義者也在英年死於重病，我們也必須滿意神的安排，因為神的不朽也是祈禱的本質。

目前超過二百個對於人類、植物、動物、甚至微生物的實驗已經發現，悲憫或慈愛的祈禱或某人的慈悲心可以影響距離遙遠的另一人或物。這些研究描繪出人類意識，用時髦的說法是非局部的（nonlo-cal），也就是無限的（infinite）。我們個人的心識看來是和所有的心識相連結，無論距離有多遠。個人的心識是不受限制的，而如果不受限制且無邊無際，最後就會匯合形成一個單一的心識，也就是祖先所說的「宇宙心識」（Universal Mind）。因此，祈禱所帶來的最大貢獻並非能夠治癒某種特別的疾病，而是驗證實現了我們大家是無限的、永恆的、一體的。無限的、永恆的、一體的這些用詞，傳統上是用於聖神（Divine）。因此，我們和神共享這些特質；而怎麼稱呼它都可以，或者就稱為：內在的神性（the Divine within）。

這本書並非套用在生活上的公式書，如果讀者這麼想就誤解了作者的原意。最後，讓我們向祈禱的永恆及奧妙致敬，因為就是這個不可思議性，而非想像的公式讓祈禱恆久留存。雖然已有幾百萬人嘗試過，但是從來沒有人能成功地把祈禱簡化為可以套用並且萬靈的實利性公式。這一點也不奇怪，因為神終究是超越理性認知的。祈禱是怎麼作用的？我最喜歡的解釋隱藏在愛丁頓爵士（Sir Arthur Eddington）對於現代物理中「測不準原理」的評論裡：「不明的事情正在運作，我們不知道是什麼。」或是塞思博士（Dr. Seuss）的注解：「它恰巧就是發生了。」承認我們不知道祈禱怎麼作用，並非示弱的表現。在醫學界，我們知道有些事早在我們了解它怎麼作用之前，就已經作用幾千年了。

一行禪師關於祈禱的短文像支箭一樣，直指宗教的容忍限度。他的觀點明確表示祈禱是全球性的，屬於全體人類，而非特定宗教。就像許多關於祈禱和治療意圖的實驗研究所發現的一樣。這本書顯示，祈禱不是哪一個特定傳統的專利。這和我們通常所聽到的大相逕庭。在宗教衝突白熱化的當今世界，這個訊息比以往更顯重要。

一行禪師對於祈禱的觀點不啻為心靈的糧食。讓我們期願有成千上萬的人享用它，因為這一餐攸關我們的未來。

此文作者著有《療癒之言：祈禱的力量及醫藥》

(*"The Extraordinary Healing Power of Ordinary Things and Healing Words: The Power of Prayer and the Practive of Medicine"*)

爲什麼祈禱？

我來自越南佛教的禪宗。禪教導我們要依靠自己，而非他人之力。這意思是，我們得自己掌握命運。我們不能只是相信和仰靠別人，即使是如佛陀、耶穌或穆罕默德這樣可信靠的智者。

但如此一來，祈禱又扮演什麼樣的角色呢？我們應該祈禱嗎？而若我們祈禱，又是向誰禱告呢？禱告些什麼呢？

我住在法國一個叫「梅村」的禪修中心。有一次，梅村的兩位年輕尼師去拜訪法國境內的一個天主教修女院。

她們回來時告訴我：「修女院的修女們可以把所有的責任全部交託給主，她們對主有全然的信心，並把一切交託給祂，她們什麼都不用多做。這種生活方式真吸引人。

「在佛教，我們卻得做所有的事：我們得修練行禪、坐禪，還得注意呼吸。我們掌握自己的命運，但這讓我們覺得好累。」

那是十多年前的事了，但尼師們的這些話仍在我心裡。藉由這本書，我試著回應那兩位尼師，同時也回答那些對於祈禱常有疑問的人。

第一章

祈禱有用嗎？

一行禪師

所有心懷信仰的人，在靈修練習上都會採用某種祈禱或禪修方式，雖然這些方式看來可能大為不同。祈禱有可能是沉默的靜坐或是詩歌大合唱。有些傳承教人坐著祈禱，有些則是用俯拜、跪、站、甚至舞蹈的方式來祈禱；有些人虔誠地定時禱告，有些則是臨時抱佛腳地緊急求救。儘管祈禱的方式形形色色，種類繁多，我最常被問的問題是：「祈禱有用嗎？」

或許我們相信如果祈禱有用，那麼祈禱是可行的。但是假使祈禱行不通，那麼為什麼要祈禱？

回答這個問題的最佳方式是講個故事。有個六歲小男孩養了一隻小白鼠當寵物，但這隻小白鼠不僅是寵物而已，牠也是小男孩最親密的朋友。有一天，小男孩和小白鼠在花園玩，但小白鼠鑽進一個地洞後就沒再出來了。小男孩非常悲傷，覺得沒了小白鼠，活著也沒什麼意義了。他跪了下來，雙手合十，熱切地祈禱小白鼠能再出現。他全心全意地祈禱，就像他看媽媽做過的一樣，喃喃地向上帝說：「上帝啊！我對祢有信心。我知道若你願意，你可以讓小白鼠再回來的。」

小男孩十分虔誠地跪著祈禱了兩個多小時，但是小白鼠沒有回來；最後男孩回屋裡去了。

在他童年時，當遇到不如意的事，他都會祈禱，但他所祈禱的從沒實現。到了高中時，他對祈禱已經沒有信心了。

這個男孩現在已經是就讀於天主教高中的少年，參加了校內的音樂班。這個班的老師是位聲音發顫、健康狀況頗差的老人。每天早上，老師上課所做的第一件事就是禱告。他的禱告有十五分鐘之久，沒有任何學生喜歡這件事。他禱告的方式無趣而平常。老師禱告前都會先問：「有人有什麼事要我代禱的嗎？」

他會把這些事全記下來，然後代表大家禱告。

通常他會為一些小事禱告，例如：「明天我們要去戶外野餐，請給我們好天氣，不要下雨。」對這年輕男孩來說，這課前十五分鐘的禱告是無聊的，他對這些一點信心也沒有，然而老師仍舊每天虔誠地禱告。

有一天，一個女孩哭得傷心不已地來上課。她說父母剛告訴她，母親得了腦瘤。她嚇壞了，害怕媽媽會死掉。老師聽她說完後，站起來看著全班說：

「如果班上有人不想和我們一起禱告的話，沒關係，就請到外面走廊站一下，因為我們將要為這女孩的媽媽禱告。我們禱告完畢之後，我會請人出去叫你們進來。」

這男孩想要起身出去，因為他對禱告毫無信心。但出於某種原因，他沒動，留在座位上等著看會如何。老師要所有人都低下頭，然後開始禱告。他的禱詞很短，但聲音非常有力；低著頭，雙手合十，閉著眼，他說：「感謝您治好這個女孩的媽媽。」就這樣。兩週後，女孩告訴全班，她媽媽康復了。醫生掃描腦部，結果沒有任何腫瘤的跡象。

對這位放棄禱告已久的男孩來說，這件事重燃他對於祈禱能帶來療癒的信心，他開始為健康不佳的音樂老師禱告。他全心全意為音樂老師的健康禱告，但一年後老師去世了。

關於祈禱的五個問題

祈禱有用嗎？這個故事告訴我們答案了嗎？有時候祈禱如願實現，但有時則否。或許我們需要問更多問題。第二個問題就是：為什麼有時候祈禱有效，有時候卻沒有？

我們知道打電話需要電話線並通電，祈禱也一樣。如果我們的祈禱沒有信心、慈悲和愛的能量，就像是用不通電的線打電話一樣。所以，光是祈禱並不一定有結果。

有沒有辦法保證祈禱一定會有令人滿意的結果？如果有人知道辦法，大家一定會不惜代價購買，但至今沒有人有這種辦法。

我們並不知道為什麼祈禱有時候有效，有時候卻沒有。但因此又衍生出另一個問題：如果神或我們信仰的外在力量已經決定了事情該如何發展，那又何必祈禱呢？有信仰的人會說：如果神的旨意是如此，那麼就是如此。如果什麼事都已經預先註定，又何必祈禱。如果有人註定會在某個年齡得癌受苦，我們又何必多此一舉地為那個人的健康祈禱？那不是白費時間嗎？

佛教徒對於「業」也有同樣的問題。如果有人過去造了惡業，後來生病了，有人就會說那是業力的作用，我們的祈禱哪能改變什麼？如果我們的業是如此，那麼業的結果怎能改變？基督徒所謂「神的旨意」

就相當於佛教徒所謂的「業果報應」。

所以如果神靈讓事情這樣發生，那又何必祈禱？但我們也可以反問，為什麼不祈禱？從佛教我們學到「一切無常」，意思是一切都會改變。我們今天可能健康，但明天就生病；今天可能生病，但明天病就好了。一切都按因果法則在運行。因此，如果我們有了一個新的能量，新的洞見，新的信念，則我們能在身心生命中開創一個新的階段。當我們靜坐練習統整身心，並將愛帶給奶奶、姊姊或弟弟時，是在創造一股新的能量，而這股能量立刻打開了我們的心。當我們心生慈悲，並在祈禱者和受禱者之間建立連結，那麼梅村和河內就沒有距離了。這種連結無法用言詞衡量或描述，它完全不受任何時間、空間所障礙。

我們和神並非兩個分別獨立的個體，因此神的旨意也是我們自己的意志。如果我們想改變，神不會阻止。詩人阮攸（Nguyen Du）是這麼說的：

必要時上天不會阻礙人們
過去的業果可以消除
未來的因緣可以創造

真正的問題是，我們要不要改變呢？我們要執著於讓人受苦的誘惑，而讓心靈在夢中遊蕩嗎？如果你的心想要改變，那麼你所信仰的神靈也會樂於見到你改變。

家庭也是如此。沒有人是完全個別獨立的。如果兒子或女兒改變了，父母也會跟著改變。如果兒女生出新的能量並因而改變，不久之後也會在父母心中產生改變。家人不是完全分離獨立的個體。即使神已預先安排事情該如何，我們仍然可以改變，因為《聖經》說：「我們是神的子女。」（I John 3:2）

創造者和被造者之間的關係是什麼？一個是有能力創造，而另一個是被創造的。若兩者相互關連，我們可以分別稱為主體和客體；如果兩者無關，我們怎能稱之為主體和客體？創造的主體是神，被創的客體是我們生存的宇宙，主客兩體之間密切相關，就如左右、日夜、飽足飢餓之間密切相關一樣。依據反映原理（the law of reflection），聽聞者（perceiver）和所聽所聞密切相關。當事件的角度改變，反映的角度立刻改變。我們所謂「神的旨意」，和我們自己的意志相互關連。這是為什麼過去行為的業果報應可以改變的原因。

現在，一步步地，第四個問題浮現了。如果祈禱未見效果，是因為我們的信心薄弱嗎？馬太福音17:20說：你若信心堅強，則力可移山。(1) 但什麼程度才叫信心足夠或堅強呢？那個失去朋友（小白鼠）的男孩在一開始時很有信心，他是真的相信，若神願意，小白鼠就會出現。如果那時有人問男孩，他會說他信心十足。這個信心已經銘刻在心好幾年，因為每晚他都在母親的帶領下禱告。那麼為什麼這次他的禱告沒有效呢？有人會說是因為他祈禱時只想滿足自己

(1) 耶穌說：「是因你們的信心小。我實在告訴你們：你們若有信心像一粒芥菜種，就是對這座山說，『你從這邊挪到那邊』，他也必挪去，並且你們沒有一件不能做的事了。」聖經・和合本（漢語聖經協會有限公司，香港，2004）

對友情的渴望，他對小白鼠的愛不是真愛。所以，如果祈禱無效，是因為我們的禱告裡沒有愛嗎？

當然不是。不過祈禱的結果經常並不如我們所願。通常我們相信自己是全心全意，用全身的每一個細胞，血管裡的每一滴血來祈禱，但仍然不成功。如果我們為摯愛的人在臨終時禱告，怎能說我們沒有愛呢？我們是真的愛。然而如果我們深入一點就會發現，有時候我們的愛並不是對那個人——我們的愛是對自己，因為我們害怕被孤單地丟下、害怕失去所愛的人。如果我們把愛和害怕及孤獨感混為一談，那麼這是真愛或只是渴望呢？我們可能渴求那個人活下去好讓自己不孤單。這是一種愛，不過是對自己的愛。但即使我們全心祈禱還是沒法救活生病的朋友，但卻能改變我們的內在。

然後是第五個，也是最後一個問題。這個問題盤旋於其他問題之上：我們是向誰祈禱呢？阿拉是誰？神是誰？佛陀是誰？觀音菩薩是誰？聖母瑪利亞又是誰？當我們深入這個問題時，會發現問題比答案還要多。

區別自己和他人的界限在哪裡呢？對佛教徒來

說，這可能是最基本的問題。如果能找到這個問題的答案，那麼前四個問題都不難解答。在佛教的修行傳統裡，每當我們合十禮敬前，都必須深入了解我們是誰，以及面前這位我們所禮敬的又是誰。尤其重要的是，我們必須看清兩者之間的關係，例如自我以及佛陀之間的關係。

如果你認為佛陀是位和你完全分別獨立的個體，跟你毫無關係，你站在下面而佛陀坐在上面，那麼你的祈禱或禮拜就不圓滿。因為那是基於一種錯誤的觀念——個別自我的觀念，認為佛陀和你各有各的自我，基於這種觀念而禮拜，只能稱為迷信。

當你雙手合十站在佛像、或世尊、或任何你禱告的對象面前時，都必須觀想。因為你所面對的那些形像，無論是銅鑄、泥塑、玉雕或鑲鑽，都只是象徵而已。那個雕像是在你之外，但佛陀並不是在你之外的某人。我們要能觀想其間的連結。

在佛教，我們稱短詩或祈禱文為偈頌。下面是我這個傳承的佛教徒在觀想時所用的偈頌的開頭：

禮敬者以及被禮敬者，在本質上都是空。

這意思是佛陀以及眾生的本質都是空。「禮敬者以及被禮敬者，在本質上都是空。」這種觀念，某些基督徒聽來可能覺得非常奇怪，甚至可能很震撼。怎麼有個宗教讓人敢對教主說「你是空的，你沒有一個獨立的自我」。但「空」（梵文sunyata）的意思並非什麼都不存在，空的意思是「沒有個別獨立的真實存在」。

你和佛陀並非兩個分別獨立的真實存在。你中有佛而佛中有你。基督教及其它宗教中可能也潛藏著這種理解，但佛教用很清楚簡單的方式表明了。禮敬者及被禮敬者，兩者皆是空。我們之中沒有任何人有個別獨立的自我。所以，回答第五個問題：佛教的祈禱是向我們自己以及在我們之外的祈禱，其間並沒有差別。

如果我們修證真理，就能看出我們也和所有的聖者一樣具有愛、正念、及了解的本質。神和我們有同樣的本質。神和我們之間沒有差別，沒有隔離。

正念的能量是真正的能量，而只要應用能量就必有改變。例如，陽光的能量能改變地球上的生命。風是能量而我們的正念也是能量，可以改變世界以及人類的處境。因此，當我們產生了正念的能量時，我們就能祈禱。

佛教的祈禱

佛教有個詞是「誦經」。「經」是佛陀的教導。有時我們自己誦經，有時和共修團體「僧團」一起誦經。我們有時是在心中默念，有時則是大聲誦出。我們有時以正念、信仰及悲心的能量誦經，有時則只是像鸚鵡一樣發出聲音但不知其意地唸誦。

我們為什麼誦經呢？首先，是要和佛陀給我們的教導，以及佛陀的了解相應。唸誦也給我們一個機會，可以灌溉心識中美好善良及清新的種子。我們可以稱這樣的誦經為祈禱嗎？如果我們了解「祈禱」這個字的深意，意即祈禱是以正念專注為本的修行，那麼我們可以說，誦經也是祈禱。

除了誦經之外，佛教徒也有梵唄，和祈禱非常近似。下面的「祈願日吉祥夜吉祥」是個好例子。

祈願日間安好　夜間安好
祈願日中之時　也有安樂
祈願分分秒秒日日夜夜都安好
祈願三寶護祐　事事平安
祈願四生一切眾生住於清淨地
祈願三界一切眾生生於蓮花座
祈願無數漂泊心靈　覺悟菩薩道三德位
祈願一切眾生蒙恩自在　圓滿菩薩階位
世尊面容如滿月　似日輪　閃耀清明光輝
智慧光芒照射各方

慈悲喜捨包容一切
禮敬釋迦摩尼佛
禮敬釋迦摩尼佛
禮敬釋迦摩尼佛(2)

你可以稱這個梵唄為許願。但誦經、梵唄或祈禱的行為並非空泛的許願，因為禱詞的另一面是修行。佛教的修行是練習正念，並專注於經中的每一個字。這個禱詞是基於我們內在的力量。當我們的內在缺乏修行的力量時，從外在也得不到或只得到很少的力

(2) 摘錄自梅村課誦本（Berkeley, CA: Pallax Press, 2000）頁39。

量。

在另一個偈頌「功德迴向淨除業障」中，我們唱誦這些詞句：

願消三障諸煩惱(3)
願得智慧眞明了
普願災障悉消除
世世常行菩薩道

「消三障諸煩惱」是一種欲望。我們將這欲望導向

(3) 三障是：1.欲障；2.業障；3.報障。煩惱是擾亂我們內心安寧，帶來痛苦和誤解的負面心態，包括貪、瞋、癡三種根本煩惱。

佛陀，讓佛陀幫助我們從痛苦中解脫並了悟智慧。但在唱誦這些詞句時，我們並非只是將此欲望交託給佛陀，而是匯聚內在力量以結合外在力量。

另一個偈頌「弟子恭敬禮」，象徵佛教祈禱的精神。這祈禱奠基於自己的修行，依靠內在與外在力量的結合。要明白，若內在沒有力量，則外在力量也不存在。下面是偈頌裡的一段：

多生多劫以來，弟子沉溺於業障、貪愛、憤怒、自大、無明、迷惑、過失中。

今日，感恩佛陀指正過錯，弟子將虔誠地重新開始。(4)

這些話像鏡子一樣，讓我們照見自己的真實狀況。修行者開啓了正念之光，照亮了自己的處境。在偈頌中，我們看見過去多麼不良善，透過唱誦以及佛陀的悲憫之光，我們得以看清所犯的過錯。我們決心不再繼續過往的方式，誓願避免不善的行為，從事善的行為。這些話提醒我們，學習佛陀教導之後，可以應用在生活裡。

(4) 一劫（梵文kalpa）是一個世界週期，難以數計的很長時間。這是佛教計算時間的單位。

下面是另一個偈頌，是越南傳統的偈頌，連小學生都知道的。

依靠佛陀悲憫護祐
願我們身無病痛　心不憂苦

修行，就像祈禱一樣，是為了生命的兩個層面：身與心的健康。我們為什麼希望身無病痛、心不憂苦呢？並不是為了享受感官欲樂，而是為了能天天快樂修行絕妙的佛法，早日解脫生死的束縛。我們修行以明心見性，洞見事物的真實本質，並解脫一切眾生。這是我們的宏大誓願。

爲自己和他人祈禱

最近有位修行者到梅村來。梅村位於法國的禪修中心，我就住在那裡。她因癌症病得很重。梅村的一位尼師，也是我的好友，真空（Chan Khong）比丘尼和她談過後，得知這位修行者的祖父母分別活到九十四及九十五歲，因此真空法師便建議她向祖父母禱告：「祖父、祖母，請來幫我。」我們如此禱告是因我們的身體裡也有祖父母的身體。祖父母或許不在了，但我們仍擁有他們健康的細胞，可以請他們幫忙。當我們請求祖父母時，很清楚他們和我們是一體的。

某晚我在禪坐時，我將能量傳送給曇願（Dam Nguyen）法師。她人在越南河內，病得很重。當我們修悲憫，專注於悲憫而禪修時，也是在修慈愛。這個能量的傳送也是一種祈禱。曇願法師好轉很多，但這並非唯一重點。當我們心中充滿愛時，也在世界上創造了更多的愛、和平及喜樂。

當我們傳送慈悲的能量給別人時，會發現自己的心也改變了。這祈禱在我們內在開始奏效。當曇願法師在梅村時，其他尼師們照顧她，對她非常慈悲。所有那些慈愛和能量，仍然在她及我們每個人的內在。如果我們反觀內在，觸動那股能量，那麼我們會更有能量療癒別人的身心。

有時候我們祈禱別人健康快樂，但有時候我們只祈禱別人改變。台北有位女士因先生好賭而非常痛苦。她是位佛教徒，每天到寺廟祈禱，願先生能戒賭。她和先生的關係讓她每天備受痛苦折磨，她覺得自己每天日夜辛勞照顧家庭，而他卻不顧妻小揮金如土。她不求財富、成功或健康，只求有人能幫她讓先生戒賭。

但若這位女士只是繼續到廟裡求先生戒賭，這個祈求會靈驗嗎？佛教教導我們祈求之外，同時也要修行。在祈禱時也要有正見、專注、洞見、慈愛及悲憫。光是憤怒、責怪、忌妒及怨恨是不行的，我們需要正念、專注、了解及愛的能量來讓線路通電，否則我們的祈禱怎能傳到聆聽者的耳朵呢？如果那位女士了解她和先生彼此密切相關，雙方的行為互相關連，那麼她或許可以看出困擾她的問題癥結何在。

我們如何祈禱呢？我們是用口、用心來祈禱，但那還不夠。我們還要用身體、語言、心意、以及日常生活來祈禱。藉由正念，我們的身口意能夠合一；身口意合一時，便能產生足以突破困境的信心和愛的能量。

有效祈禱的兩個重點

有效祈禱的重點很多，但有兩點似乎最重要。首先，要在自己和受禱者之間建立關係。這就像打電話需要電話線一樣。之前我問過「我們向誰祈禱？」而且我回答，祈禱者和受禱者是兩個無法彼此區隔的存在。這是佛教的基礎，而我很確定在每個宗教裡都有一些了解此點的資深修行人，他們能夠明白：神在我們心裡，神就是我們，我們就是神。觀想的偈頌全文如下：

禮敬者以及被禮敬者，在本質上都是「空」。所以彼此之間的溝通，是難以言喻的完美。

有效祈禱的第一重點是我們和受禱者之間的溝通。因為我們和受禱者相互關連，因此彼此之間的溝通也超越時空限制。當我們這樣禪修溝通時，連線就會建立並且溝通立刻實現。那時，線路是暢通的。

我們知道，電視台發送訊號到衛星，訊號再傳送到電視機，需要點時間讓電波在空中傳送。但祈禱的溝通傳達完全不受時空限制。我們不需要衛星，不需要等一兩天才有結果，結果是即時的。當你沖泡即溶咖啡時，雖然號稱即溶，但你還是得燒開水，花時間沖泡，然後才有咖啡喝。但祈禱則完全不需要任何時間等候，連「即刻」也不用。

祈禱的第二個重點是需要能量。我們已接好電話線，現在需要通電。祈禱的電流就是慈愛、正念，以及正定。正念是身心都活在當下，我們的身和心都專注於一點：現在。如果缺乏這點，無論信仰的是什麼，我們都無法祈禱。如果你不在當下，那誰在祈禱呢？

要祈禱有效，我們的身心必須安住於當下。當你具有正念時，你就有專注，這是趨向般若智慧的條件。「般若」是梵文的洞見及超越的智慧。缺乏這一點，我們的祈禱只不過是迷信而已。

第一章

祈禱的目的

一行禪師教小孩如何聽鈴聲

我們都有心願和渴望，這些願望通常就是祈禱的動機。我們或許因感恩，或是為尋求明確指引而祈禱。通常人們都是先為自己求，然後為所愛的人求。我們通常不會為陌生人祈禱，尤其不會為那些我們怨恨，或使我們及所愛者痛苦的人祈禱。

我們最想要什麼呢？我們想要身體健康。身體病痛時，我們就動彈不得。其次，我們希望做什麼都會成功。無論是和尚或商人都想成功。第三，大多數人希望有良好的人際關係或愛。如果人際關係不好，生活不可能快樂，所以我們祈禱每天和他人都能和睦相處。無論老少或來自世界何方，大多數人所要的就是這三項。

先說健康。我們都希望完全健康，但這只是種想法，在生命中並不可能實現。我們至今仍活著，就是因為過去曾生病，身體因而產生抗體，並對某些疾病免疫了。沒有人從未有任何病痛，我們都常覺得不舒服，尤其是小時候。病毒和細菌總是威脅人們，空中、水中、食物中總是有微生物，我們總是被微生物包圍和攻擊，因此我們能產生抗體保衛自己。因為我們生過病，所以能保護自己繼續活下去。

別希望毫無病痛。沒有病痛，就沒有健康。我們必須認清事實，並安祥喜悅地與疾病共存。即使肚子脹氣，你仍然能祈禱。當肚子痛或背痛時，你可以藉由祈禱獲得安祥喜悅，這樣就叫做修行。你所體驗到的不舒服就是一個修行的機會。如果我們只在身強體健時才祈禱或禪修，那麼我們將永遠無法產生安祥和喜悅。我們必須簽署一個和平協定，和疾病和平共存。

當然，我們需要有基本的健康才能成功修行。我們可能有個園林，裡面種了三百種漂亮的樹：松樹、柏樹、菩提樹、柳樹、杏樹、梨樹及蘋果樹。園林中也許有三、四棵樹死了或長得不太好，但這不表示園林將不再漂亮。我們的園林仍然欣欣向榮。

我們的身體也是這樣。你的眼睛還好嗎？肺還好嗎？兩隻腳還能走嗎？穆罕默德、佛陀、耶穌也都曾經肚子痛。疾病和死亡是生命的一部分。

人們常祈求的第二件事是：成功。每個人都想成功。商人希望生意成功；作家希望出名，好讓書能暢銷；電影製片希望影片大發利市。每個人都希望在各自的行業中名利雙收。每到新年，我們就互相祝福升官發財。但功名財富真是快樂的必要條件嗎？這是個值得深思的問題。此外，某人獲利可能使另一人損失。許多價值都只是相對性的。我們覺得富足，是因為擁有的比別人多，但永遠是比上不足、比下有餘。如果我們的富足只是要比別人多，這並不會帶來快樂。所以，當我們祈求幸福時，只要求足以維持健康的所需就夠了。我們祈求溫飽，好讓我們得以享受當下。

所以快樂與否並不是靠財富成功，而要靠我們的人際關係。因為如果沒有愛，就不可能快樂。通常我們祈禱自己和所愛的人、和家人、和所處的社會之間相愛並和睦相處。我們能做什麼，或祈求什麼來改善關係嗎？又該如何祈禱呢？依照什麼原則呢？

祈禱是靈修的一部分

即使你不常祈禱，也不大重視靈修，還是會祈求健康、成功財富及良好關係。對出家人及認真的靈修者來說，祈禱還有另一層目的。在佛教偈頌「弟子恭敬頭面禮」中是這麼說的：

越過生死輪迴，
體證不生不死。

當然，投入靈修生活的人也會祈願健康成功及和睦，但不是只有這些。隨著你愈深入靈修，你會開始質疑。你可能會想要明白：我從哪裡來？為何在此？又將去何處？我死後是否仍存在？我和佛陀、和神之間有什麼關係？我在此的根本目的何在？這些是虔誠靈修者的疑問，也是他們的禱告。

如果我們修行，但只祈求健康、成功及良好關係，那我們還不是名副其實的修行者。真正的修行者必須更深入地祈禱。我們必須這樣修行：能夠在日常生活中洞見一切生命相互依存的本質。靈修者的最大願望是，發現並體驗事物的真髓。當這個願望滿足時，無論健康好壞，我們仍然快樂。無論所做成功與否，我們都不痛苦。當我們不需要成功或健康就能快樂時，就比較不會和人爭論或令人痛苦。自然而然地，我們的人際關係就會良好。

所以，這種祈禱有何不同？是在祈禱的層次上不同。當我們探觸到究竟層次、涅槃，探觸到神時，我們就能接受現在當下所發生的一切。我們已抵達平安喜樂的國度，不須再受苦。無論可以再活十年或五年已無關緊要，在那一刻，我們已經改變看待世界的觀點。

如果我們不祈禱、不深入靈修，那麼當世俗想望得不到時，我們就深深受苦。但當我們探觸到真髓，一切事物的本然，那麼即使得不到所求，也無所謂了。以前當我們得不到所求時，就覺得人生失敗了。但當我們連結到究竟層次時，無論是寺院或修行中心焚毀了，或有人毀謗冤枉我們，都能如常安祥喜悅地微笑以待。我們不再需要世俗上所謂成功快樂的條件，因為我們的快樂是在究竟層次，超越成敗之上的。

當我們體會到自己和一切生命在本質上是同為一體時，怎麼可能還有隔閡？怎麼可能還有不和睦？我們和神、和佛陀都是一體，所以怎麼會有隔閡？修行者最深切的願望就是要一探究竟真理。一旦我們探觸到究竟層面，健康也會自然地改善，自己和利他的修行也會成功，而且也能形成一個平安喜樂的社區，大家和睦地生活在一起。即使成功不如預期，我們也不會難過痛苦。

靈修者的祈禱是很深刻的。靈修者了解我們的健康、成功、甚至和所愛者的關係並不是最重要的。對靈修者而言最重要的是，能夠突破世俗的遮障，進入究竟層次，見到自己和周遭世界一切現象的相依性。

當我們祈禱時，必須要有智慧。大多數人祈禱是為了要神為我們做什麼，或為我們所愛的人應許這個或那個。我們認為如果神做了這件事，我們就能快樂。但每一件事都由萬千因緣形成，只要有生，必然有死。我們有智慧讓一切平衡安穩嗎？如果我們能力不足，這些祈求只是顯示自己的愚昧或貪婪。當我們不了解生命且缺乏悲憫時，就會想開一張清單，要神、佛陀或阿拉照辦。所以我們必須深入觀察，祈願必須要顧及整體而非只是某一部分。

集體意識

當我們剛開始祈禱時，可能不太熟悉，但已經可以產生一些能量。漸漸地，隨著持續修行戒定慧，我們的祈禱會愈來愈有力量，更見威力。

梅村盛開的荷花池

我們如何有智慧地祈禱呢？當悲憫、了解及正念現前時，智慧就比較可能生起。我們不只改變自己一個人，而是改變整個集體意識。這個集體意識是一切變化的關鍵。賴瑞．道西是位美國醫生，著有《療癒之言：祈禱的力量及醫藥》。他說我們的集體意識並不像衛星傳播，我們不必將禱詞送到哪裡去，因為神是無所不在的，並不需將神轉變為太空中的聖靈衛星。祈禱是不受時空限制的。道西醫師所謂的無所不在的神，佛教稱為集體意識或「一心」。這是藏識，在那裡，佛陀和我們是合一的。

如果個人意識有所改變，集體意識也會有所改變。當集體意識有了改變時，個人的處境就能改變，我們為所愛者祈禱的處境就能夠改變。這就是為何佛教徒說「一切唯心造」。我們的心是集體意識所造，如果想改變，就要回到自心。我們的心是一個能量生產中心，從這個發電廠似的心，我們能改變世界。藉由自己所創造的真實力量來改變，這是祈禱最有效的方法。

佛教傳統告訴我們，團體（僧伽）一起祈禱，比任何一個人祈禱更強而有力。佛陀的大弟子之一目犍連得知母親正在受苦而非常悲痛，佛陀教他如何皈依僧團共同祈禱的力量。我們的願望是有力量的，我們也可將自己的能量傳到佛陀心中。但是當僧團一起時，無論是兩位、五位或百位，當我們同時一起傳送心靈能量時，這股能量便增強擴大並且更加有效。

我們會祈禱，但有時候自己可能處境艱難而需要更強的能量。個人所傳送的能量已經不容小覷，但若加上自由而堅定的僧團，所傳送的能量當然更加強大。當整個團體和我們一起祈禱時，是我們人生裡的重要時刻。我們是祈禱的僧伽之一。我們個人的專注力是打開究竟真理之門的鑰匙，而同修善友們整體的專注力更是樞紐。當百人或千人的僧團一起修行淨化身口意，並身心合一地傳送能量時，所產生的能量是非常強大的，將能改變因果業報所造成的處境。

第二章

身心靈

走在梅樹叢中

在佛教，我們知道受禱者是既在內又在外的。佛陀在我們心中，神也是如此。認為神只在自身之外，是錯誤的。

我們可以用A表示祈禱者，B表示我們為之祈禱的人。我們可以再畫個圓代表神。有兩種方式看待我們和這圓的關係。如果神是個分隔的存在，我們就是向神禱告，然後神將我們的禱告傳給我們為之禱告的人。然而我們也可以將A、B放在同一個圓中，這麼一來，就消除了一層誤解：以為佛陀和我們、神和我們兩者不同而造成的誤解。

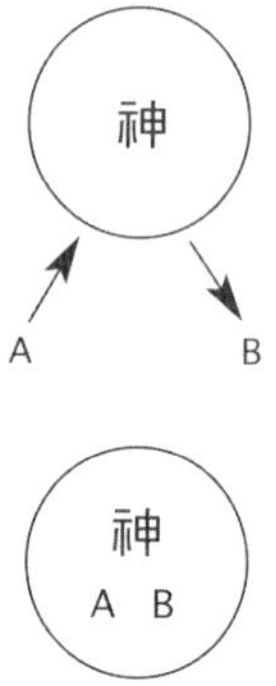

圖1 神、祈禱者、為之祈禱的人

集體意識由個別意識組成，個別意識也由集體意識組成，彼此因對方才能存在。不是一個先、另一個後，沒有上、下，也沒有內、外之分，兩者同時俱在。「我」和「我們」也是如此：兩者因彼此而成為可能。「此有故彼有，彼有故此有」，這是佛陀的教導。

在基督教和猶太教裡，我們稱這無所不在為「神」。神和佛陀並非兩者，別讓語言文辭給騙了。重要的是我們能夠探觸到實相。需要剝皮的黃色水果，在越南叫做「chui」（英文是banana），中文是香蕉，但都是同樣的水果，兩種名稱指的是同一個實體。

三把鑰匙

假設你所愛的人正在受苦或遭逢危險，我們需要用好的能量包圍他們、保護他們。我們需要幫助，所以我們祈禱。祈禱時，我們但願能連結到神，這時可以使用三把鑰匙。這三把鑰匙串在一起，佛教稱為「三法印」：無常、無我及涅槃。它們是絕佳的工具，並且無論身在何處，都能讓我們打開通往無價寶藏之門。

所有宗教傳統都曾提到無常，因此我們可能明白，沒有什麼是永遠存在的。無我只是無常的另一面。事物是無常變化的，沒有什麼是不依賴其他而單獨存在的。祈禱者和受禱者都是空無自性的。集體意識和個別意識也是如此，個別意識並沒有一個獨立於集體意識之外的自我。

既然了解了無我，同樣的道理，我們可以看出A、B和神並非個別的實體。如果我們不在這裡，又怎知神在那裡呢？無我的法則是一把絕妙的鑰匙，因為它去除了我們日常物質生活和究竟精神層面之間的障礙。

第三把鑰匙是涅槃。什麼是涅槃？涅槃獨立於我們現在所住的生死世界之外嗎？涅槃和生死是兩個分別獨立的實相嗎？雖然名稱不同，但如果我們接受了「無我」這第二把鑰匙，就會看到它們是同一個實相。就像波浪與水：波浪和水不同，但水不在波浪之外，波浪也不在水之外，波浪和水俱在。就物質世界而言，我們叫它生死。但若深入到究竟層面，就其真實本質而言，我們稱這世界為「涅槃」。如果我們知道如何深入探觸飛鳥、樹木、人群、花朵及所有現象的生生不息本質，那麼透過這些現象世界，我們得以探觸到究竟層面，涅槃的世界。

三法印是佛陀的教導，但我用它深入了解了基督教、猶太教、回教及其他宗教。我打開了很多門，並得以在基督教義及其他宗教的教導中發現無數的寶藏。這三法印的教導，其實也存在於《聖經》及《可蘭經》中。

與神接觸

我們必須深入觀察才能知道如何與神接觸。據德裔美國神學家保羅．提立區（Paul Tillich）說：神是一切的基礎，所有生命的根基。

依據這個定義，如果神是基礎，那麼生命是什麼呢？生命是神所創造的。所以，我們如果不與神所造的接觸，又怎能與神接觸呢？我們透過神所造的接觸到神，當我們祈禱時，我們能透過表象世界探觸到生命的根基。

釋迦摩尼佛是個表象，一個有名字、有生日、有父母、有死期的人。在地球某處，釋迦摩尼誕生、生活、修行，並教導他的弟子。但佛陀的本質是佛性，我們都有這覺悟的本質。《法華經》中，佛陀這麼說：「一切眾生都能成佛，眾生皆有佛性。」當我們向佛祈禱時，我們接觸到佛性；當我們向自己祈禱時，也是接觸到佛性。

越南還保有向神靈祈禱的風俗，就是那些死後升天成為聖靈的人。我們也向祖先及去世的父母祈禱。我們真心相信，當我們和這些人接觸，就會接受到有益的能量，因此我們祈禱。幾千年來，越南人碰到難題時，就會燃香向祖先祈禱。

心與身的祈禱

你大概聽說過心的祈禱，但其實身的祈禱也一樣重要。當佛教或基督教的僧侶們祈禱時，多是屈膝下跪，合掌，並低頭禮敬。祈禱的必要條件是身體、語言和心靈合一地活在當下。光用語言祈禱是不夠的，心與身也要專注才能讓祈禱有效。或許這就是為何許多宗教（如佛教、回教、東正教）的祈禱也包括了伏地禮拜，這種禮拜降低自我、打開心胸、引人更親近大地。

從自己的祈禱中，我發現對活人禱告和對亡者禱告一樣有用。身邊的人若快樂清明，便能增加我們祈禱的能量。周遭的親朋好友中，有些是堅定而很有啓發性的人，想到這些人，就能為身體注入更多能量。

有一次，一位學生很悲傷地來找我，我正要出發去某地，便建議他：「當我不在時，你可以到我房間獨自靜坐。」他在那房裡靜坐，就好像是和他的老師一起靜坐一樣，並從老師那裡接受到一些能量。這種共同陪伴也是一種祈禱的方式。

在困難時刻，如果將我們的心導引向自己相信的人，我們會更有力量克服生命的漂泊不定。所以我們能心想著鼓勵自己的人而祈禱，也能向我們的團體祈禱。例如我們的家人或朋友都狀況良好，他們並不是在做什麼了不起的事，但每個人都健康並互相欣賞。

當我們出遠門並感覺疲累悲傷，或遭逢困難時，只要想到這些人，就能覺得比較有活力。

為身邊活著的人祈禱和為死去的人祈禱，並沒有多大不同。我們知道那些死去的人仍然和我們在一起，而那些活著的人也和我們在一起。當某人去世時，人們認為那個人已不在了。但依據佛陀的教導，那個人一直都在。

人們被宣告死亡後又復活的事例很多。這就是為何在越南，我們不准立即埋葬死者，必須至少等兩天，然後將屍體放在土地上，看看土地的涼氣是否能讓死者復活。人們也會拿一件死者的衣服，爬到屋頂上，將衣服攤開，然後召喚死者的魂魄；如果死者的靈魂聽見了，就能再回到他原來的身體而活轉過來。越南人有這種風俗，要在埋葬死者之前確定各種萬一復活的可能，因為他們不想有所失誤。

依據佛陀的教導，沒有什麼東西出生，也沒有什麼東西死亡。當我們的祖父母去世時，他們不再用以前的方式和我們在一起。但他們可以用其他方式顯現，只是我們的眼睛還無法認出。他們一直都在的。所以，向我們的祖父母祈禱仍然有用。當我們清楚認識受禱者時，祈禱會更有效。當我們向那些曾經接觸過，或他們在世時我們認識的人祈禱時，便會產生能量，並使我們更堅強。

所有的佛教徒對於佛陀的深層本質都有自己的經驗和看法。如果你研讀佛陀的一生和教法，並將之運用在生活中，你就會看到效果。佛陀並不只是坐在神壇上的某人，更是位熟人。認得某人並不代表了解他。雖然佛陀在世時我們都不在，但我們可能比當時和他同世的人更了解他。如果當時有人在往靈鷲山(5)的路上遇見佛陀，但卻只一心趕路而沒有學習任何有

(5) 靈鷲山是印度王舍城附近的一座山，佛陀有時候會在那裡說法和居住。

關佛陀的一生、喜樂或教法，那麼雖然她（他）直接見到佛陀本人，但卻對佛陀沒有深入了解。

佛陀就在這裡，我們不需到靈鷲山去。我們並不被表象所欺騙。對我而言，佛陀不只是個形象或名稱，佛陀是實體。我每天都和佛陀生活在一起。吃飯時，我和佛陀坐在一起；散步時，我和佛陀同行；而當我說法時，也和佛陀一起。

我不會將這種佛陀的本質，拿去換取面見佛陀的機會。我們不應急匆匆地找旅行社安排飛往印度，上靈鷲山去見佛陀。無論廣告多吸引人，都不能騙到我們。我們這裡就有佛陀。每當我們行禪，就能和佛陀手牽手同行，這就是佛教所說「在究竟層次上，我們享受和佛陀攜手同行之樂」。

我們也能和菩薩們接觸。佛教中的菩薩是指那些具有慈悲和智慧，活在世上的偉大人物。在僧團中就有活生生的菩薩，這些菩薩有能力聆聽我們，了解我們，並能用他們的力量和心意幫助他人。這是真實的事情。有時這些菩薩還很年輕。我們不必向空中尋求菩薩。有時我們可能和菩薩同居一室而不自知；當你碰到問題、心情焦慮或有困難時，那位菩薩就能幫你，那位活生生的菩薩就是你僧團中的師姊或師兄。我們會想到天上去尋找菩薩，但其實我們可能正和三、四位菩薩同住一個屋簷下，雖然我們看不出他們的不同或價值。

什麼是菩薩呢？菩薩是一位有能量去了解、愛、並行動的人。當我們碰到困難，陷入危險情境，菩薩就能來解救我們。如果你這樣了解「菩薩」，就會看見，事實上，我們的確有活生生的菩薩，就在僧團中，在我們身邊，他們每天和我們一起修行，並且將修行落實。

人們或許會說佛經中的菩薩在歷史上並不真正存在。我們無法說他們出生於何日、死於何日，但我們並不需要歷史上的存在。例如，我們知道觀音菩薩的必要本質是愛，而愛在此生中是真實的。觀音菩薩是男是女、是黑是白、是小孩或政治家都無所謂，哪裡有愛，哪裡就有觀音菩薩。歷史學家絕不能動搖我對觀音的信仰，因為我非常清楚地知道，愛是真實的，愛以許多不同的方式顯現。

荷蘭有位名叫荷碧．柯布葛（Hebe Kolhbrugge）的女士，在第二次世界大戰期間，救了至少三萬名猶太人，使他們免於死在納粹的煤氣室裡。這位女士和觀音菩薩並無不同。她目前仍在世，越戰期間，她也救濟了許多失去父母或單親的小孩。

我向佛陀、向菩薩、向祖先及我的父母祈禱，有時甚至向學生祈禱，因為有些學生非常有活力、安穩、自由且快樂，所以我需要把他們當作祈禱的對象。我也向我遍佈全球的社團祈禱，因為我需要社團的力量。每當祈禱時，我知道經由這些人，我接觸到了「一心」之力。

如果我們以身、心和靈祈禱，我們也可以向松樹、月亮和星星祈禱。松樹很堅定，月亮總是按時出現，而星星也總是為我們閃耀，免費且明亮。如果我們能深入地接觸松樹，就能和一心、和神接觸。如果接觸神的意思是，神能傳送能量給我們，那麼松樹也能傳送能量給我們。

有一個冬日，亞西西（Assisi）的聖方濟（Saint Francis）正在練習正念行禪並走到一棵杏樹下。他停在樹下，呼吸並禱告：「杏樹啊，告訴我神的事。」然後，很自然地，這棵杏樹就開花了，雖然那是在寒冷的冬天。就歷史時間、日常事實而言，杏樹還沒開花；但在究竟層面上，杏樹已經開了幾千年的花了。就歷史層面而言，佛陀出生又死去了，而我們也不是佛陀；但在究竟層面上，我們已經是佛陀了。所以和杏樹接觸，就是一種和神接觸的方式。在抽象觀念中是找不到神的，這點很重要。神是透過具體事物為我們而在此。

有時我們祈禱，並看見禱告實現了。有時我們得到很強的結果，就好像神在說「是」，有時我們得到「還不行」的回答，有時是「也許」，有時則是「不」。這個「不」很難聽見，但要知道這並不是神、佛陀或菩薩的拒絕，而是傳送的能量不夠強，還不能改變情況。我們還需要更多因緣。祈禱總是有結果的，只是結果在程度上有所不同。

當回答為「不」時，並非我們的祈禱必然無效，它可能正在創造我們還無法看見的結果。通常我們並不明白自己真正的需要是什麼，但集體意識比我們更了解自己。例如，假設一個女孩想通過學校考試，她及家人可能積極禱告，但她仍未通過。她或許認為她的祈禱無效，但這次考試失敗可能有某些道理——這次如果失敗了，或許下一次我們會更堅定，在人生路上更能成功。

在越南流傳一個故事：有一位聰明的年輕人想參加司法行政人員考試，他的成績在所有考生中是最好的，但當學校首長們討論到他時都認為，雖然他考試成績很好，但還太年輕，同時也怕他的野心太強卻磨練不夠，所以他們決定這次不錄取他，等到下次招考時再錄取。從表面上看，這樣似乎很不公平。但國家需要培養年輕人，在各方面都能幹，不只需要在智識上，也要在道德操守上有成就。這些學校首長們是依據這個原則行事，試著砥礪這位年輕人的野心。如果他的意志堅強，即使還得等三年才有下次考試，那也不會太遲，因為他還這麼年輕。

人必須有很強的願心，才能成為救苦救難的菩薩，或是有能力濟世報國的人。故事裡的年輕人可能很憤怒，並且怨天尤人，也可以就此放棄，但他繼續努力讀書。三年後他又報考時，便通過了。然後他又報考皇家法院考試，也通過了，並開始報效國家。

當他第一次失敗時，可能很痛苦，他當時並不知道這都是為了幫助他成長及行事幹練。當我們祈禱時也是如此。我們認為並未得到所祈求的，但卻不了解我們可能得到別的，也許比原先祈求的還多，也或許少些。我們的佛性比我們更了解自己，它明白什麼才是對我們最好的。

主禱文：佛教和基督教的對應

東正教教義說得很清楚，每一個人都有神的聖潔本質，也都有神的聖潔良善。這和佛教的佛性觀念相同。雖然基督教和佛教在表面上似乎不同，但彼此的教義有許多共通之處。

在第一章，我們看過佛教的偈頌「弟子恭敬禮」：

多生多劫以來，弟子沉溺於業障、貪愛、憤怒、自大、無明、迷惑、過失中。

今日，感恩佛陀指正過錯，弟子將虔誠地重新開始。

現在，讓我們來看看基督教的一個著名的主禱文：

我們在天上的父，願人都尊祢的名爲聖。
願祢的國降臨，願祢的旨意行在地上，如同行在天上。
我們今日用的飲食，今日賜給我們。
免我們的債，如同我們免了人的債。
不叫我們遇見試探，救我們脱離凶惡。(6)

如果深入了解，就會明白我們以這篇主禱文練習接觸究竟層面。我們在尋求什麼呢？我們所尋求的是

(6) 英文《聖經》修訂本（牛津：牛津大學出版社，1989）馬太福音6:9-13。

非常崇高偉大的東西。我們並不是祈求神讓陽光普照，好讓我們出去野餐。我們尋求的不是芝麻小事，我們尋求神的國度，我們祈禱的首要目的就是神的國度。讓我們一行一行地來看這篇主禱文。

我們在天上的父，願人都尊祢的名為聖

「在天上」意思是「不在這歷史性的現象世界」。雖然神在每一事物中，但我們不能將神與地球上的生物相提並論。就如我們不能拿波浪和水作比較，因為一個是究竟本質，另一個只是現象。我們可以比較兩

個波浪，但不能拿水和波浪作比較。那是究竟本質，無以言詮的。我們可以稱之為神、阿拉、造物主，但這些只是稱呼的不同。這些表示和想法，都只是我們想要定義神，卻不成功的例子。因此，無論我們說神、或Dieu（法語）、或Thuong de（越南語）、或阿拉，都只是名稱而已，不足以涵蓋究竟層面的絕妙實相。

神不需要在人世間出名，像是電影明星或總統似的；神不是一小袋花生，引起我們的爭奪；神也不會和我們競爭，想要比我們更有名。想要接觸到究竟層面的絕妙實相，我們得超越名號，只有那樣才能發現真正的神聖本質。就像《道德經》所說：「道可道，非常道；名可名，非常名。」

願人都尊祢的名為聖

這說到神的名字，但在真實上，神並不是個可以稱呼的名字，像是叫一個對街的人一樣。如果神在我們之內，也在我們周圍，我們怎能以一個名字表示祂呢？

願祢的國降臨

「國」（kingdom）這個字是從希臘字basileia翻譯來的，它有三個不同的意思。第一個意思是「realm」，神的國度或領土，這個意思是從「標誌」（sign）的觀點而來。第二個意思是「royalty」皇家，國度的本質，它的君主性質。這個國度有快樂、永恆、平安、喜樂的本質。皇家是本質，領土是標誌；國度是本質，國度性（kingdom-ness）是標誌；本質是涅槃，標誌是不生不死。在此，我們既有標誌，也有本質。第三個意思是「reign」統治，治理的行為，說明這個國度和它生活的方式。統治是行動，因此國度屬於歷史層次，皇家屬於究竟層次，而統治屬於行動層次。

究竟層次是存在的根本。歷史層次是神的國度或現象世界，生死的世界，在這生死世界中即有涅槃。最後是行動層次，是國度的功能，統治神所統治的土地。在這土地上的人們如何平安喜樂地生活呢？就是行動。無論我們來自什麼傳統，當我們祈禱時，最重要的就是要抵達究竟層次，那不生不死的生命本質，神的國度，那就是神。

當我們練習行禪或正念分明地用餐時，我們希望涅槃就在那裡，希望涅槃當下與我們同在。基督徒們禱告，唱讚美詩，領聖禮——這些祈禱都是願望：「願祢的國降臨」，熱切盼望神的國度此時此刻降臨。如果我們能將究竟層次帶入歷史層次中，便能同時活在兩個層次。我們沒有理由不能既活在歷史層次中，又接觸到究竟層次。

願祢的旨意行在地上，如同行在天上

天堂不生不死的本質，以及快樂、安定和自由，不僅存在於究竟層次，也在歷史層次上。感謝「三法印」，我們知道不須到涅槃去尋找安定自由及不生不死，它們就在這個生死的世界；在這個地球上，就如同在天堂一樣。越南有位弟子問禪師：「我要到哪裡去找不生不死？」禪師很清楚地回答：「就在生死中找不生不死。」水就在波浪之中，這很清楚。因此我們說：「願祢的旨意行在地上，如同行在天上。」這是我們祈禱時最大的盼望。

我們今日用的飲食，今日賜給我們

這句話的法文翻譯得很好：「Donnez-nous aujourd'hui notre pain de ce jour.」。Notre pain de ce jour 不是每天的飲食，只是這一天的。「今天」這個字已經很好，但「這一天」更好。這句子是在練習信任。我們不必祈求明天或後天、或整月整年的飲食，我們只需要吃今天的飲食。我要深刻地活在當下。這和佛陀在《金剛經》的教導相似。佛陀說：「色即是空」，但光是這句並不夠，所以又加上：「……空即是色」，這樣教導就完整了。

在日常生活中，我們時常焦慮不安。我們有所貪求，並且想要積存所有。我們不了解重要的是現在，生命只能活在當下。如果我們只關心明天未來，很容易完全錯失了當下生命的奇妙。我們必須回歸當下，深刻而適當地活在當下。這樣，神的國度才能在此時此刻降臨。這個祈禱要每天二十四小時練習，因為我們每一秒都要深刻地活在當下。這些祈禱文不只在睡前唸，而是必須整天背誦。

今天，我們已經有了快樂的充分條件，我們必須這樣祈禱，以便接觸到自己內在和周遭的快樂條件。

它們都現成具足。我們不該貪婪，不該要求長命百歲。如果我們連活在當下都不能，生命又如何延續上百年呢？

免我們的債，如同我們免了人的債

我們的「債」，就是對所愛的人做過的錯事。我們說了、做了、或想了什麼，而我們的話、行為、想法讓別人受苦了，這些是我們所欠下的沉重的「債」。我們如何天天都能原諒別人呢？因為他人還沒有足夠的正念、了解和愛，他們還有錯誤見解，所以我們原

一行禪師說法

諒。我們必須釋放所有的仇恨，因為我們也曾對其他人犯下同樣的錯。如果希望神原諒我們，那麼我們也必須原諒他人的錯，他們所欠的「債」。

在生命中，我們可能對父母、兄弟姊妹、親朋好友犯下錯誤並祈求原諒。首先我們也必須原諒我們的親人，骨肉至親們的缺點、笨拙及錯誤。這是個練習，是個祈禱；用行動展現的祈禱，用我們生活的方式祈禱。我們應該記住，這是耶穌親自教導門徒的話。

我們可能經常祈禱，但仍未學到祈禱的甚深藝術。當我們一有問題時，就呼求佛陀、菩薩、神來幫助我們。這沒什麼錯，我們有權這麼做，但這種祈禱不是至上的祈禱，超越生死的祈禱。

通常我們祈禱，是因為想要神或佛陀做一些我們自己做不到的事。「主啊！我所愛的人心臟有問題。主，求您救他脫離險境。」我們傳達這種訊息給神。或是「主啊！我弟弟得了癌症，求您醫治好他。」原則上，神應知道祂該做什麼，但通常我們就是想告訴神，祂該做什麼。好像神不知道什麼是必要的，而我們必須說個明白似的。但事實上，那個「一心」要比我們明智多了。更好笑的是，有時候我們還會跟佛陀或神討價還價。「佛陀啊！如果你滿我的願，我就出家。」或「我會吃素三個月。」有時候我們還很具體地講價：「如果我的兒子或女兒通過考試，我就供養十間寺廟。」

十多年前，我聽到我的好友兼弟子真空法師這麼祈禱：「佛陀啊！要怎樣才能讓Thay活久一點呢？如果Thay可以活久一點，那麼會有很多人從真正的教法中獲益。」（Thay是我的學生和朋友對我的稱呼，是越南文「老師」的意思。）即使在這樣的詞句中，也有交換條件的味道。「將會有許多人，獲得真正的教法和禪修的利樂。」當真空法師祈禱時，她的心是偉大的。但她似乎認為佛陀有個弱點，希望他的教法住世久一點，也希望更多人透過他的教法解脫，因此她這樣計算：「佛陀啊！如果讓我的老師多活十年，那麼會有無數人從他的教導中獲益。」這難道不是一種討價還價嗎？這是「如果我的兒子或女兒通過考試，我就每天祈禱」或「如果我的朋友好一點，我就戒掉巧克力」這類祈禱的微妙版。聽來似乎是說，如果我們戒掉巧克力，佛陀就會獲得很大好處似的。

如果我們再深入地看真空法師的禱告，會發現那些話的背後還有一些感人的東西。她認為老師是她的皈依處，而她自己還不夠堅強，所以，如果老師不在了，她就會若有所失。因此，真空法師的心裡也和其他師妹們一樣，希望她的老師活得愈久愈好。在那禱告中含有一點自私心理，希望自己不會被孤單地留下，不會沒有老師。我們要有一個存在愈久愈好的皈依處，難道不是嗎？弟子希望老師活得愈久愈好，好讓許多人從老師的教法中獲益，也好讓所有弟子們持續有一個皈依處。

如果你才剛剛剃度出家，但你的師父卻去世了，那多令人悲傷啊！所以，在這個禱告裡也有類似的東西，這並沒什麼錯。但是，當我們知道如何深入看待自己的禱告時，就能看出自己意識深處發生了什麼事。像這樣的禱告很感人，但無論我們是佛教徒、基督徒或其他傳統，都必須深入看清楚：在自己的禱告裡，是否企圖和神、和佛陀討價還價？即使這種討價還價只是若有似無。

不叫我們遇見試探，救我們脫離凶惡

「試探」的意思是貪婪、憤怒、苦澀、懷疑、困惑和欲望的考驗。有些基督徒會稱這些為撒旦的誘惑，佛教稱這些為不清淨的身口意行（身體、語言、心意的行為），以及五欲（眼耳鼻舌身五種感官）的誘惑。佛教還有另一種方式描述試探：三惡道。一個是餓鬼道。餓鬼就是那些對於了解和愛，永遠渴望卻又無法接受的眾生。再來是地獄道。佛教認為當我們被憤怒、瞋恨、欲望、忌妒及其他不良心態之火燃燒時，就是地獄道。第三道是畜牲道，也有試探。當然，人類也是動物，但這裡的畜牲道指的是那些只會跟隨欲望而行，從未在心裡培養愛和了解的眾生。

我的經驗是，當我們獨處時，比較容易受到這些惡道的試探。當我們和團體、和修行的師兄師姊們在一起時，受到僧伽的保護，就不易掉入試探的陷阱。所以，祈禱也可以透過行動來做，而不只是詞句。當我們正念分明時，和僧團在一起時，我們是在安穩之處，而不至於落入試探。

當佛陀還在世時，人們就開始修行誦唸：「我皈依佛。」皈依的意思是，和良善連結，並且支援我們最深的願望。人們並未等到佛陀去世後才開始皈依佛。同時人們也誦唸：「我皈依僧。」出家人（和尚、尼師）和在家人坐在一起祈禱。當在家人和出家人同坐祈禱時，他們不只比較能抵擋誘惑，也更能獲得並加強正念分明的能量。

當今有許多人活在毒品、寂寞和絕望的地獄裡，也有一些人以各種方式讓周遭的人像是落入地獄一樣，還有一些人殺害、偷盜或強暴，更有很多餓鬼們四處飄蕩，渴求愛、了解、家庭及理想。

我們祈禱能夠避開這三條不善之路。當我們發現要走的路，當我們皈依僧，當我們知道如何走上靈修之路後，我們的禱告可以非常具體。我們祈禱不要誤入試探誘惑的歧途，而是在靈修之路上精進前行，這是我們每一個人都可以了解的願望。

第四章

祈禱在醫療中的角色

一行禪師正要和眾人行禪

在第二章中我提到祈禱有三個目的：健康、成功和愛。我把健康排在第一，因為它是其後一切的基礎。但健康和祈禱有什麼關係呢？恢復健康是由於祈禱？或醫療？或是兩者都有呢？

現代醫學

有些醫學專家認為疾病完全是生理問題，生病只是因為身體出了什麼毛病了，只要進行某種手術或吃對幾顆藥，就能恢復健康。到現在，這種對疾病的觀點還是主流。

過去五十年間，西方醫學已大為進步，發現身體的健康和心理的健康是相關的。我們知道身體痛苦時，心也覺得痛苦；反之亦然。有時候我們患了很嚴重的病，但似乎無法醫治，也許是經常肚子痛，我們試過各種藥方，但毫無效用。像這種不舒服就可能和焦慮憂傷有關，症狀可能來自心理的罣礙、擔憂和苦惱。

當然，很多疾病始於身體，環境污染、遺傳、衰老和機率，都是致病的可能原因。但即使是這些疾病，也有相對的心理因素，醫學稱這種身心關係為身心病（psychosomatic）。佛教也提到「身心一體」。我們稱身心為「名色」，意思是梵文的「名稱和形色」。名色是身心的另一種說法。當醫學了解身心是一體時，就接受了名對色有所影響，色對名也有影響。如果我們很焦慮，腸胃可能會有問題；如果腸胃出了問題，我們就會很沮喪。所以，身和心總是互相影響。

最好的醫生就是能夠兼顧病人的生理及心理兩個層面，才能對症下藥。靜坐禪修以及正念行禪，對於緊張及沮喪方面的疾病特別有效。研究也發現，禪修對兒童注意力渙散的問題有改善的效果。美國威斯康辛州的一所大學發現，禪修不僅可減輕壓力和焦慮，也能促進免疫系統的功能。(7)

集體醫學

治療的因素中，還有一些是在個人身心之外的。這些就是影響健康的文化和集體因素。當我們和健康快樂的人在一起時，我們也會趨於健康快樂；當

(7) 這些發現的綜合說明詳見威斯康辛大學的研究：http://www.sciencedaily.com/release/2003/02/030204074125.htm，以及布魯克林學院網站：http://pc.brooklyn.cuny.edu/MED.htm

我們孤單獨處時，就比較常生病。但是，當同一文化的族群覺得受迫害、憤怒或面臨戰爭時，整個族群都可能生病。當集體意識生病了，我們也就病了。

例如，假設我們沒有高學歷、好工作或車子，別人認為我們沒出息，我們也就覺得自己不正常，毫無價值。一個人的價值建立在學歷、工作、車子上，這種想法造成了集體意識。當我們沒有那些東西時，就會貶抑對自我的評價，並且覺得自己不正常。但我們之中又有誰是正常的呢？誰是快樂的呢？這些是我們必須問的真正問題。許多人擁有高學歷、好工作和車子，但是他們依然痛苦，甚至常覺得生不如死。但同時，也有人沒有高學歷、沒有好工作、沒有車子，卻依然快樂並且散播快樂給許多人。如果我們繼續讓身心受負面信念影響，就會老是責怪自己，並且覺得自己既無奈又無能為力，這樣的憂傷和絕望將會使我們生病。

現在，我們社會的集體意識非常不健康。但是，我們可以學會如何治療並轉化自己。要這麼做，我們必須創造一個僧伽團體，也就是一個可以保護我們的集體意識。在城市裡，你只要看看周遭景象，聽聽聲音，再遇上幾個人，就足以致病了。但當你來到禪修中心時，你可以將那些關在門外，並打開通往靈性國度的大門，你的身體以及心理都將大為振奮。

祈禱這樣的精神修行能提醒我們，快樂並非來自學歷、工作或車子。我們可以稱這種承認集體因素影響健康的醫學為「集體醫學」或「一心醫學」。當某件事發生時，即使這件事在時空上和我們相隔遙遠，仍就影響了一心。要了解何謂「集體醫學」，就得先明白這點。

四百年前，天文學家約翰尼斯．刻卜勒

（Johannes Kepler）發現月亮會影響地球，並引起潮汐。當他告訴別人這個發現時，沒有人相信他。月亮這麼遙遠，怎麼可能會影響地球呢？甚至連伽利略也不贊同這個想法。(8)

我們的身體就像地球，不只周圍的人，甚至千里之外的人、事、行動都能影響我們。目前正在發生的，過去已經發生的，別人正在做的、想的，都會影響我們的健康。

很多醫生認為他們的工作就是檢查身體。醫生可能說：「脫掉衣服，吸氣，呼氣，張開嘴巴，伸出舌

(8) 約翰尼斯・刻卜勒（Johannes Kepler）是西元1571~1630年的德國天文學家和數學家。伽利略（Galileo Galilei）則是西元1564~1642年的義大利物理學家、數學家及天文學家，於1609年發明能觀看宇宙的天文望遠鏡而揚名。

頭，說『阿』。這是處方，去拿藥，按時服用。」但是，當我們生病時，也可能需要精神上的治療。我們需要有人說：「我們一起靜坐，一起觀呼吸；冷靜下來，讓心平靜。」

醫生、護士及其他醫護人員可以在上班前先練習禪坐及專注呼吸。當醫生看完一整天的病人、開好處方回家後，也可以禪坐，觀想病人健康。如果親友生病了，也可以這麼做，而不僅只是說：「我妹妹病了，所以我要帶她去看醫生；我能做的也只是這樣。」我們還可以和妹妹一起靜坐，一起觀呼吸。

在健康的集體意識中，我們也負責所愛的人的健康。我們要正念分明地生活，不要有太多事務。在內心裡，我們要有愛和祈禱的能量。

賴瑞·道西醫師說，我們必須打開心胸迎接醫藥科學的第三整合期。他相信，如果醫師勸阻病人祈禱，那麼他們真是對病人造成傷害。當我們祈禱時，心會平靜下來，感覺平安喜樂，我們因此可以散發能量，幫助病人。

當我們在僧團中，知道僧團成員的正念、安祥、喜樂和自由，與我們及所愛的人的健康大有關連。禪修時，我們可以將他們的慈悲，導向我們所愛的人。當我們能在內心產生慈悲時，那個能量就能治癒自己的身心。只有那個時候，我們的能量才足以治癒所愛的人的身心。

能量是在集體意識中，所以並不需要穿越空間，從此到彼。我說過我的學生曇願法師生病了，而雖然我在法國、她在越南，但當我禪修並送慈悲給她時，她立刻接收到了。我禪修時也傳送慈悲給其他人，我相信那一定有作用，無論效果是大是小。也許會比我們想要的小一點，但一定有。

當我的朋友為我祈禱時，我確定接收到了能量；當我為他們祈禱時，他們一定也接收到更大的能量。由於我們彼此認識互愛，因此比較容易對對方生起慈悲心。賴瑞．道西稱為神、上帝的，就是「一心」，在這「一心」裡有巨大的能量。如果我們禪修，用慈悲之力與「一心」之力結合時，便能轉變自己的處境。

佛陀有個教法叫做「十二因緣」，每一個因緣都是緣起的環節，在緣起中，每一個環節代表一個構成「人」的生理或心理現象，而且每一個環節緣生下一個環節，這十二個環節環環相扣，像鍊子一樣。在十二因緣中，六根（六個感官：眼、耳、鼻、舌、身、意）緣於名色而生。當六根和六種對應的感官對象（六塵）相接觸時，身心可能受到擾亂而生病。我們必須修行，訓練六根不要成為致病的根源。我們可以用覺知來守護六根，保護自己不受周遭許多物質及心理的不良影響。保有正念，我們就能覺知進來的是什麼，就像城門的守衛知道誰進誰出一樣。

在梅村，我們練習在六根和六塵接觸時，用精勤和正念保護自己。我們必須嚴格守護六根門才不至於生病。

光是在大學裡讀六年醫學是不夠的。醫學院並未教我們如何透過檢視「藏識」來診斷病情。

「藏識」，也叫「阿賴耶識」，是我們最深層的心理，它藏有所有我們曾體驗過的快樂、憂傷、忌妒及其他情緒的種子。當這些種子受到灌溉或觸發時，就顯現為能量。「藏識」就像埋有各類種子的花園，而意識則像是園丁。當我們禪修時，意識在運作，但是「藏識」也是日以繼夜祕密地在運作。西方心理學所說的潛意識只是「藏識」的一部分而已。如果我們能辨識並轉化深藏在意識裡的內在情結，就能趨向解脫和療癒。這時稱為「轉依」，意思是意識的深層結構發生轉化了。

雖然心理分析師也學習如何在潛意識診斷疾病，但他們所謂的潛意識，只是「藏識」的一小部分而已。當我們居住在不健康的環境裡，環境中的負面思考、語言、行為都會影響我們，我們遲早都會生病。居住在人們只知追求感官享樂的環境裡，可能導致整體的痛苦、絕望和沮喪。我們毀滅自己的身心，並關閉通往未來的大門。我們如果想要健康，就必須下決心營造好環境。我們必須尋找良好的居住環境並過良好的生活，一個致力於靈修、身心健康的大社區，是我們痊癒的最佳機會。

所有行「一心醫學」的醫生都必須知道如何引導病人走上康復之道。「阿賴耶識」是集體意識，它蘊育山川湖泊、空氣、水、鳥和魚。環境的果報是美或醜，在於我們究竟是走入歧途，或是踏上導向健康環境之正道。

如果我們所愛的人、我們的醫生、我們的社群，知道如何產生愛和祈禱的能量並傳送給我們、包圍我們，就能幫助我們恢復健康。有時候，集體意識不見得一定能醫好我們，但如果我們能連結到一個良善的集體意識，則身體的康復就會比較有效果。

佛教所做的：祈禱並傳送精神力量給病人，對病人的康復非常重要。在佛教，我們很相信這種祈禱的力量，不過我們稱為「迴向」。我們的信仰並非迷信，因為我們知道這種「迴向」是基於非常科學的真理。真理是：當團體一起靜坐並產生正念專注的能量以傳送精神支持時，這個能量確定會傳達給我們所愛的人。我們知道意識可以被創造，也可以被無明助長；無明愈重，未來生病的緣由就愈多。我們、朋友及社會每天的修行能夠創造清明，當清明和了解產生時，就有慈愛和悲憫。了解愈多，集體意識的愛就愈多，健康狀況就會改善。不只是個人，而且是整個團體的健康都會改善。

第五章

禪修與療癒

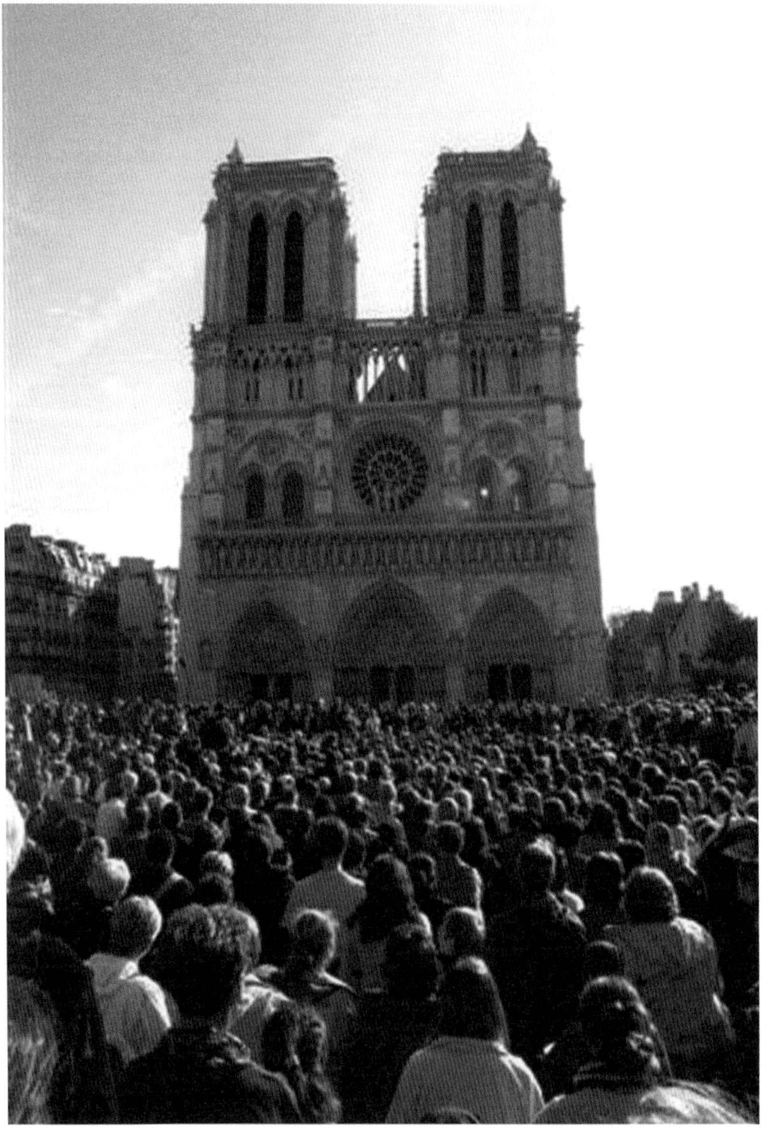

在巴黎聖母院前的坐禪

禪修（梵文「禪那」dhyana，日文「禪」zen）是佛教修行的精髓，目的在於幫助修行者深入了解實相，這樣的洞見能夠讓我們從恐懼、焦慮以及憂傷中解脫。禪修可以產生了解及悲憫，提升生命品質，為我們自己及周圍的人帶來自由、安祥、喜樂。

尤其是在二十世紀末，西方人士已經開始注意到禪修。西方的物質富裕並未能帶來快樂。我們的憂愁、牽掛、問題，只能靠靈修生活來解決。目前已有許多人用佛教及禪修練習的方式來處理這些困難。

禪坐是最常見的禪修方式，但我們也可以用其他姿勢，例如：行走、站立及躺臥來練習禪修。當我們洗衣、砍柴、澆水或開車時，無論身在何處、在做什麼、身體是什麼姿勢，只要身心具有正念、專注及洞見的能量，就是在練習禪修。我們並不需要去寺廟、教堂或禪修中心才能練習禪修，在社會中生活，每天上班工作、照顧家庭，也都是練習禪修的機會。禪修有滋養身心及療癒的效果，並讓修行者及他生命中的人重獲生活的喜悅。

禪修的三個能量泉源

禪修產生三個能量泉源：正念、專注以及洞見。正念這個能量泉源幫助我們覺知當下在我們身心及環境中所發生的事。「正念」，梵文為samyak smrti——每個當下，在我們的身心及環境中發生巨量而繁雜的事。我們不可能知道每個當下發生的所有事，但可能注意到其中鮮明突出以及我們最在意的事。當我們注意呼吸，在吸入氣息時知道是入息，呼出氣息知道是出息，這樣叫做練習正念呼吸。如果我們注意步伐，並能覺知我們在屋內地板或室外土地上的每一步，這樣叫做正念於行走。

如果我們正在憤怒並且自知正在憤怒，這樣叫做正念於憤怒。當我們練習正念於憤怒時，在自身內有兩種能量顯現。第一種能量就是憤怒，第二種能量則是正念，由正念禪修所產生的第二種能量，能認知並擁抱第一種能量。如果我們能練習五到七分鐘，正念的能量將能穿透憤怒的能量，並將之部分轉化。

正念的能量帶有專注的能量。專注能讓洞見的能量生起，而洞見將憤怒轉化為了解、接受、悲憫及和解。在日常生活中，我們的心慣於回想過去或擔憂未來。我們的身體處於現在，但心卻不處於現在。正念能幫我們把心帶回身上，讓我們能完全實在地活在當下。如果我們能夠這樣地活在當下，就能探觸到內在及外在中生命的奇妙。

就禪修的精神而言，生命只真正存在於此時此地。佛陀教導我們：「過去已經逝去，未來還未到來；只有在當下此刻才能接觸生命。」(9)當我們能夠探觸到當下的奇妙時，就獲得滋養及療癒。當我們正念的能量變得強而有力時，就能用它來認知並擁抱我

(9)〈一夜賢者經〉(Bhaddekaratta Stutta)，中部尼科耶，131。

們的磨難痛苦、憤怒怨恨、貪婪、暴力、忌妒以及絕望，於是我們可以一點一點地將它們轉化。安祥地活在當下，能夠帶來奇妙的療癒，並讓我們得以脫離悔恨和執著於過去，以及擔憂恐懼於未來的枷鎖。

正念的四個範疇

正念就是一直正念於某件事物；正念必須有個對象。正念的四種對象是：我們的身體、我們的感受、我們的心，以及我們心的對象，這四個範疇叫做四念住。當正念的能量認知身體時，能幫我們回到身體並關照身體，讓身體放鬆。佛教稱之為「止息身行」，對於釋放身體及精神系統的緊張壓力非常有效。我們可以坐著或躺著練習，這種練習帶動身體自然地康復。如果我們以醫學處方治療身體，配合這種放鬆身體的方式，能幫助我們更快速康復。

正念於身的練習，幫助我們避免吸收毒素，它幫助我們自在地行走、站立、工作及應對進退，並提升日常生活的品質。正念於感受的練習，幫助我們認知當下的感覺，無論是愉悅的、不愉悅的或是中性的感覺。「認知」的意思是我們能夠深入到那些心理行為的根源，清楚知道它們的本質並轉化它們。例如，如果用正念的能量可以認知沮喪的症狀，我們便有機會更深入地查看沮喪的本質及根源，以便知道造成它的近因與遠因。用正念關照沮喪並引導心去接觸那些能夠照護和療癒的清新現象，我們就能去除沮喪。藉由正念，我們能避開那些陷自己於緊張焦慮及憂鬱的事物、影像、聲音及想法，如此，便能阻止沮喪受到這些毒素灌溉而蔓延。

依照佛教心理學的說法，我們有五十一種心理現象，包括正面心態，如愛及一視同仁；反面心態，如憤怒及絕望；以及潛藏的心態，如多思及懊悔。無論是什麼樣的心理行為，正念讓我們了解它們為何生起、從何處生起，以及對我們身心的影響。藉由專注及洞見，我們能夠注意並享受愉悅情緒，同時轉化負面及不悅的情緒。如果是中性感受，藉由正念能將它轉變為愉悅感受。例如，牙痛時，我們感到不舒服。我們會想如果牙痛消失了，就會舒服愉快。但通常當牙不痛時，我們只是有中性感受，並不會因為牙不痛而覺得快樂。所以，當我們覺知沒有牙痛時，正念將能幫助我們改變中性感受為幸福感。

在西方，愈來愈多地方使用正念練習來治療疼痛、沮喪及解除身心壓力。例如，麻州大學醫學院的約翰．卡巴金（Jon kabat-Zinn）教授主持了一個以正念禪修治療的專案，叫做壓力減除臨床實習（Stress Reduction Clinic）。透過這個專案，練習者能夠治療疼痛、壓力及疾病。在哈佛及加州大學洛杉磯分校這種大型醫學院裡，有些系所正在研究禪修在身心疾病治療上所扮演的角色。

哈佛大學的心／身醫學所是由賀伯．班森

（Herbert Benson）教授所創辦及主持，這個所已經持續三十五年進行研究、教導禪修並將之運用在治療上。據班森教授表示，有許多科學家、醫生、心理學家、教育工作者及護士在所內接受高級程度的訓練後，便到各個不同領域去主持研究進行探索，他們已經發現禪修很具療效，也已發展出數個醫學專案，提供藉由解除心理壓力以減輕並治療症狀的有效方式。

三十年來，哈佛的醫學實驗室已用系統化的方法，研究身心交互影響所帶來的益處。這個研究已證明，當人們重複唸誦經典中的句子或禪修指引的字句時，就能免於散亂心態，也能產生正面的生理變化，和那些會帶來心性緊張的變化相反。這些研究專案示範了禪修練習的有益本質，效果已顯示在治療高血壓、心律不整、慢性疼痛、失眠及性無能上。

第四個也是最後一個正念的範疇，就是正念於心所想的對象上，例如：山、河、樹、植物、人、東西、社會等。當正念、專注及洞見的能量強大時，我們能深入洞察實相，並且能體驗到絕大的自由，不再執著於憂慮、貪愛、瞋恨及絕望的感覺。佛陀及聖者們獲得了這種洞見，並且得到最大的自由，即稱為解脫。當我們練習禪修時，我們也得到自由。雖然我們的自由還稱不上偉大，我們仍可以擺脫許多錯誤的想蘊分別及偏見，不再像以前那麼樣地受苦。事實上，我們在生活的當下有了很大的安祥喜樂。

打開心結

禪修尤其能幫助我們處理佛教所說的內在心結及我執（自成情結），這些束縛讓我們無法活在當下。

內在心結就是糾結在深層意識裡的一些錯覺、壓抑、恐懼及焦慮，會束縛我們，並指使我們去做、說或想一些事實上我們並不真的想做、說或想的事。由於我們日常生活中缺乏正念，便播下並助長了內在心結的種子。有十個主要的內在心結：貪愛、瞋恨、無明、自大、猜疑、執著身體為我、極端及偏見、執取儀式典禮、貪求不朽、及貪求一切恆常。我們的健康和快樂取決於我們轉化這十個束縛的能力。

當內在心結出現在我們的意識時，正念能夠認知到這些內結都是在過去形成的，有時是遺傳自父母和祖父母的慣性能量。我們無須像心理學家一樣回溯過

梅村裡的小男孩擊鐘

去的記憶來發掘這些問題的根源、內心的糾結，當內在心行呈現時，正念的能量能夠認知它們，並深入觀察而讓我們看見這些糾結的根源。

禪修幫助我們看到一切事物之間的關連和相依性。沒有任何現象、任何人能夠無因自生並獨自存續，此依於彼，一件事是依於另一件而生起、而存續。這是相依性的洞見，有時稱為相即或無我。無我的意思是沒有一個獨立恆存的個體，一切事物都在持續不斷地變化著。例如，父子並非完全分別獨立的實體，父親存在於兒子，兒子也存在於父親；兒子是父親向未來的延續，父親是兒子向根源的延續；兒子的快樂連結著父親的快樂，如果父親不快樂，兒子的快樂也不圓滿。一切事物的本質就是無我，沒有個別獨立的自我。

在心理治療界，低自尊被當作一種病。在正念禪修裡，低自尊、高自尊，以及要將自己等同於別人的想法都算是病；或者用佛教的話說，就是情結。這三種情結都源於有個獨立自我的想法，都是基於傲慢而生：優越的傲慢、低下的傲慢、等同的傲慢。從憤怒、忌妒、瞋恨、羞辱所生起的苦，只有在我們洞見無我時才能被完全轉化。基於此，我們因而練習禪修療癒。

十一世紀的越南禪師常照（Thuong Chien）這麼教導：如果我們了解心的活動，則禪修練習就變得容易了。佛教唯識學派談到八種識：五種感官意識（眼、耳、鼻、舌、身）、心（意）識、末那識（manas：執著於有一個個別獨立恆存的自我，相對於其他非我的事物而存在），以及藏識。

當我們深層的欲望、恐懼及屈辱感被壓抑入藏識時，它們就像得不到氧氣和水的種子，無法生長並轉化為美好；而這個障礙造成身心上可體驗到的症狀。雖然這些心理行為被壓抑，但它們仍能束縛我們、指使我們，因而變成很強的內在糾結。我們習於忽視它們，希望它們沒有機會浮現到心的意識層面。我們轉向消費以求遺忘，不想面對這些痛苦沮喪的感覺。我們想要填滿意識空間，讓這些基層的痛苦感沒有位置可以浮現，因此我們看電視、聽收音機、看書、看報、談話、賭博、喝酒，好遺忘它們。

當我們的血液循環不良時，身體就會出現病症。同樣地，當心行被壓抑而不能循環時，身心疾病的症狀就開始出現。我們必須知道如何停止壓抑，讓這些欲望、恐懼、屈辱等心行有機會生起，被認知並轉化，這可藉由禪修發展正念的能量而做到。每天練習禪修來產生正念，幫助我們認知、擁抱並轉化這些受苦的感覺。

當我們認知並擁抱這些心行，而不是迫使它們回到地底時，它們的負面能量就會減少一些。只要對這些心行禪修個五或十分鐘，就能有所助益。下次它們又生起時，會再度被認知擁抱並減弱後再回到藏識。像這樣練習，我們便不再害怕負面心行，不再像以前一樣地壓抑它們。心的良好循環能再度建立，而複雜心理情緒所造成的身心障礙也能漸漸消失。

眞正的快樂

正念是至上的一種能力，單純地認知某個對象的存在而不採取立場，不作評價，並且不貪愛也不厭惡那個對象。例如，假設我們身上有個疼痛的部位，藉由正念，我們只是認知疼痛，這或許和你以往所習慣的祈禱大不相同，但只是靜坐禪修覺知疼痛仍是一種祈禱。藉由專注和洞見的能量，我們也許可以看見並了解它的重要性和它生起的真正原因。基於正念和專注而來的了解，也許可以治癒。如果我們過於焦慮，如果我們總是幻想，那麼焦慮和幻想會帶來心的壓力，疼痛會增強。即使不是癌症，但我們幻想它是癌症，然後擔心憂愁到不能吃、不能睡，疼痛便會加倍，並且使狀況更嚴重。

佛陀在《雜阿含經》（大正藏T2,99）中以兩支箭作比喻。如果有第二支箭射到第一支箭所造成的傷口上，那麼疼痛不只加倍，而是十倍。所以我們不該讓自己的想像和憂慮成為第二支箭，而對自己造成更大的傷害。

當我們追求感官欲望的對象，諸如金錢、名聲、權力及性時，並不能找到真正的快樂，反而是為自己及他人帶來很大的痛苦。人類是充滿欲望的，人們日以繼夜地追逐這些欲望，因而不得自由。如果不自由，就不會自在，也不覺快樂。如果我們的欲望不多，滿足於簡單正當的生活，就有時間在日常生活中深刻地活在每個當下，並照顧所愛的人，這是得享真正快樂的祕訣。在現代社會裡，太多人用滿足感官欲望來追求快樂，卻反而大大增加了痛苦和絕望。

《林經》談到欲望是個陷阱。如果我們落入欲望的陷阱，就會受傷並失去一切自由，得不到真正的快樂。恐懼和焦慮也會帶來痛苦，如果我們能了解並接受簡單生活且知足，就不會再擔憂恐懼。我們只是因為想到明天可能失去工作、沒有薪水，才經常生活在神精緊張的幻想中。所以，減少浪費、致力快樂，才是脫離今日文明陷阱的唯一出路。

本書始於「我們為何祈禱？」這個問題。也許，真的，所有祈禱的能量都回歸人類單純的希求：想要快樂並和他人及超越的神聖相連結。而祈禱，無論是無聲、唱誦或禪修，都是一種回歸當下、自我探究內在安詳的方式，同時也是連結宇宙及無限的方式。我們真正的快樂來自於完全覺知當下，覺知我們和宇宙一切事物相互關連。

附錄 I

禪修練習

一行禪師寫書法

下面是五個簡單的禪修練習，涵蓋了實際禪修的精要。前四個練習有滋養的作用，第五個練習則有療癒的功能。(10)

每個練習開頭都有一些字句，你可以在禪修時唸誦。起先，你也許會要說出整個句子；然後，你可能只要說出寫在句子右邊的短語。例如，吸氣時，你告訴自己：「平靜」；呼氣時，「微笑」。

(10) 這些練習摘自一行禪師的*Blooming of a Lotus*（Boston, MA: Beacon Press, 1993）。

練習一：平靜心行

吸氣，我感覺平靜。　平靜
呼氣，我微笑。　微笑
吸氣，我活在當下。　當下
呼氣，當下最美好。　當下最美好

很多人以這個練習開始禪修。有些人雖然已經修很久了，仍然用此練習，因為這持續帶來益處。吸氣時，我們注意自己的氣息。在氣息進來的全程中，我們感覺平靜，就像喝下一杯清涼的水，覺得內在清涼。在禪修中，每當心平靜安祥時，身體也是平靜安祥的，因為有意識的呼吸將身心統合了。呼氣時，我們微笑，放鬆臉上共約三百條的肌肉。當我們微笑時，神經系統也是放鬆的。微笑是吸氣時感覺平靜所造成的結果，也是幫助我們放鬆、安祥喜樂漸增的原因。

第二個呼吸帶我們回到當下，並停止所有對過去的執著和對未來的焦慮。因此，我們得以安祥地活在此時此地。生命只活現於此時此地，因此，我們必須回到當下才能接觸到生命。這個呼吸幫助我們實現活著的喜悅，並讓我們接觸到生命的實相。如果我們知道自己活著，知道我們可以接觸到生命內在和外在的一切美好事物，那就是個奇蹟了。我們只要睜開眼睛看，豎起耳朵聽，就能體會生命的美好奇妙。因此，如果我們藉由呼吸之助練習覺醒地活在當下，那麼這當下就是最美好奇妙的一刻。我們可以先練習第一部分很多次，再進到第二部分。你可以在禪堂裡、廚房內、河岸邊、公園中，在任何地方做這個練習。無論行住坐臥，甚至工作時都可以練習。

練習二：平靜及放鬆身行

吸氣，我知道我正吸氣。　吸
呼氣，我知道我正呼氣。　呼

吸氣，我的氣息變深。　深
呼氣，我的氣息變慢。　慢

吸氣，我覺知全身。　覺知全身
呼氣，我放鬆全身。　放鬆全身

吸氣，我平靜身體。
呼氣，我關愛身體。
吸氣，我對全身微笑。
呼氣，我的全身自在。
吸氣，我對全身微笑。
呼氣，我釋放身體的緊張。

平靜身體
關愛身體
微笑
自在
微笑
釋放

吸氣，我感覺喜樂。
呼氣，我享受安祥。
吸氣，我活在當下。
呼氣，當下最美好。
吸氣，我坐姿穩定。
呼氣，我覺得安定。

喜樂
安祥
當下
當下最美好
穩定
安定

這樣的練習雖然簡單，但很有效果。藉此練習之助，初學禪修的人也能立刻體會禪修帶來的安祥喜悅。另一方面，資深禪修者仍可以藉此練習，繼續為身心帶來安祥及滋養。因此，他們將能藉由禪修在療癒之道上有所進展。

前兩行（吸、呼）幫助你覺知氣息。如果是吸氣，你知道那是吸入的氣息；如果是呼氣，你知道那是呼出的氣息。這樣練習幾次之後，我們自然地就會停止回想過去、設想未來、或其他無謂的念頭。原因是，修行者的心已完全專注於呼吸以覺知氣息。藉此之助，心和氣息合而為一了。現在，心已不再焦慮或回想過去，而只是繫於呼吸之上。

在第二個呼吸（深、慢），我們可以看到吸氣比較深長，而呼氣比較緩慢。這是自然發生的，並不需要刻意努力。吸氣時，覺知我們在吸氣，就像練習一那樣。如此，氣息自然就會變得比較深、比較慢、比較平和，品質也比較好。當氣息變得比較平和、安祥和規律時，你就會開始在身心上體驗到安祥喜悅。呼吸的安祥會帶來身心的安祥。現在你已開始享受法喜，禪修的喜悅。

在第三個呼吸（覺知全身、放鬆全身），吸入的氣息將心帶到身體並覺知全身。呼吸是連結身心之間的橋樑，呼出的氣息則有放鬆全身的效果。呼氣時，放鬆肩膀、手臂、全身的肌肉，讓全身都進入放鬆狀態。這個呼吸，至少要練習十分鐘。

在第四個呼吸（平靜身體、關愛身體），吸入的氣息幫助身體平靜安祥。呼氣時，你對全身表達慈悲關愛。這個練習的第四部分讓全身平靜，並幫助你練習以慈悲和自己的身體接觸。

第五個呼吸（對全身微笑、讓全身自在）讓我們釋放臉部所有肌肉的壓力。你對全身微笑，就像清涼的溪水流過全身一樣。自在的意思是讓身體覺得輕安舒適。這個呼吸的目的，也是透過修行者對身體的悲憫來滋養全身。

第六個呼吸（對全身微笑、釋放全身的緊張）延續第五個呼吸，讓全身剩餘的緊張完全消除。

在第七個呼吸（感覺喜悅、享受安祥），你感受到喜悅。這是由於你看到自己依然健在，並有機會照顧滋長身心。呼出的氣息伴隨著快樂的感覺。快樂總是簡單的，靜坐並覺知呼吸就已經是快樂了。許多人每天的生活忙碌得像螺旋槳一樣，轉個不停，從來沒機會享受法喜。

第八個呼吸（活在當下、當下最美好）帶你回到當下。佛陀教導我們：過去已經過去，未來尚未到來，生命只活現於當下。回歸並住在當下，就是真正回歸生命。就在當下，你得以接觸到生命中所有的美好、安祥、喜悅、解脫、佛性、涅槃；這一切只能在當下發現。快樂只存在於當下。我們的呼吸幫助我們接觸到這些美好事物，並為我們帶來極大的快樂。我們能真正感覺到當下最美好。

第九個呼吸（坐姿穩定、享受安定）把你的注意力帶到身體姿勢上。如果姿勢不端正，就挺直坐正。坐姿穩定會帶來身心安定。在這樣坐著的當下，我們覺得自己是身心的主人，不會被身體的行為、語言或心打倒或拖著跑。

練習三：滋養身體

吸氣，我知道我正吸氣。　　吸
呼氣，我知道我正呼氣。　　呼

吸氣，我的氣息變深。
呼氣，我的氣息變慢。
吸氣，我平靜身體。
呼氣，我感覺自在。
吸氣，我微笑。
呼氣，我釋放。

深
慢
平靜
自在
微笑
釋放

吸氣，我活在當下。　　當下
呼氣，當下最美好。　　當下最美好

在任何地方都可以做這個練習：在禪堂、客廳、廚房或火車上都可以。

第一個呼吸是要讓身心回歸合一，同時幫助我們回到當下，並體會生命在當下的美好。當我們這樣呼吸了兩三分鐘之後，呼吸自然地變得比較輕、順暢、柔和、慢及深些；然後，我們覺得身心都舒服自在。

在第二個呼吸（深、慢），我們可以愛做多久就做多久，然後再繼續到第三個呼吸（平靜、自在）。此時我們感覺身心自在平靜，禪修的喜悅將繼續滋養我們。

禪宗有句話說「禪悅為食」，意思是，禪修所獲得的喜悅可以作為食物滋養禪修者。第四個呼吸（微笑、釋放）及第五個呼吸（當下、當下最美好）在練習一已經做過了。

梅村的佛誕祈禱

吸氣，我成爲平靜的水。　水
呼氣，我映照天空及山。　映照
吸氣，我成爲浩瀚虛空。　虛空
呼氣，我感覺無限自由。　自由

這個練習可以在每次開始禪修時先做，或者整個禪修時段都做此練習也可以。這個練習可以滋養、安頓身心，讓禪修者放下和自由。

第一個呼吸可以練習很多次，直到身心合一。我們藉此將身心統整合一。

第二個呼吸讓我們清新。人應該像鮮花一樣清新，因為我們是宇宙花園裡的花朵。看看美麗的孩童們就可以發現此點。他們的兩顆大眼睛是花；明亮的臉龐、柔和的額頭是花；兩隻手是花。而我們只是因為太過憂慮，以致額頭起了皺紋；哭泣太多、失眠太久，以致有了黑眼圈。吸氣，我們恢復花的本質。吸氣把花帶回生命來。呼氣，幫助我們了解自己可以是清新的，像鮮花一般清新。這是一種慈心的禪修。

第三個呼吸，看自己為一座穩固的山，這能幫助我們在強烈情緒來襲時，屹立不動如山。當我們陷入絕望、焦慮、恐懼或憤怒時，感覺像是經歷暴風雨一樣。但是我們可以像樹幹一樣在風雨中屹立不搖。如果我們看過暴風雨中的樹，會發現樹頂的枝幹搖晃得像是隨時會被折斷或吹落似的。但是樹幹部分，尤其愈近底部，樹根牢牢地伸入土裡。我們發現樹底比較穩固，而我們也覺得比較安寧。我們的身心也一樣。在情緒風暴來臨時，如果我們知道如何遠離暴風圈，也就是頭腦，而把注意力放到腹部肚臍下面針灸的穴位，感覺就會大大不同了。我們會發現，我們不是只有情緒，我們所有的遠比情緒多得多。情緒來了又去，但我們還在。當我們被情緒洪流淹沒時，感覺脆弱無助，甚至覺得要溺斃了。

有些人不知道如何處理自己的強烈情緒。當他們由於絕望、恐懼或憤怒而深受其害時，認為結束痛苦的唯一辦法就是結束生命。所以有很多人——很多年輕人自殺了。如果我們知道如何靜坐、練習呼吸，就能度過這些困難時刻。

我們也可以用躺下、完全放鬆的姿勢來練習這個呼吸。呼吸時可以配合腹部脹縮，並把注意力完全放在腹部，這樣我們就遠離了危險地帶，不會被暴風雨吹走。我們應該一直練習，直到心平靜下來；暴風雨已經過去，危險結束了。但是，我們不能等到心受苦時才開始練習。如果平時沒有練習的習慣，那麼當需要時，我們會忘了練習而讓情緒淹沒沖走。我們應該養成每天練習的好習慣，這樣，當強烈情緒生起時，會知道如何練習以處理並主宰情緒。我們也應該示範給年輕人看，如何練習療癒禪修，以治療他們的猛烈情緒。

第四個呼吸（水、映照）的目的是平靜身心。佛陀在《安般守意經》中教導：吸氣，我平靜我的心。當心不平靜時，我們的理解往往是錯的，我們所見、所聽及所想並不如實。就像當湖面起浪時，就無法忠實地映照出空中的雲。佛陀是行經空性之天的清涼滿月，如果眾生的心是平靜的，就能清晰地映照出月亮的影像。我們的悲傷和憤怒來自錯誤的理解。因此，為了避免錯誤的理解，我們必須訓練自己，讓心像秋日清晨的湖面一樣安祥。我們的呼吸能夠帶來這樣的安祥。

虛空、自由是第五個呼吸。如果有太多工作和牽掛，就沒有任何休閒、安祥或喜悅。這個呼吸的目的在於為我們帶回一些空間——內心及外在的空間。如果我們有太多焦慮、算計、規劃，那就得減少；悲傷和憤怒也是，我們必須學習放下，這些不同的包袱只會讓生命更加沉重。通常我們以為如果沒了這些包袱——我們的辦公室、身分、名聲、工作、重要性等等，就會不快樂。但是再仔細看，你會發現這些包袱幾乎都是快樂的阻礙。當我們能夠放下它時，我們就會快樂。

佛陀的快樂無與倫比。有一天，佛陀坐在毗舍離外的森林時，有一位農夫走過。農夫問佛陀是否看見他的牛，又說去年蟲害把他種的兩畝田都吃光了，他認為自己是最不快樂的人，也許應該自殺。佛陀告訴他沒看見牛，他可能該往另一邊去找。他走了之後，佛陀轉身向一起打坐的比丘們說：「比丘們！你們可知道自己是快樂自由的嗎？你們沒有任何牛隻好走丟。」如果我們練習這個呼吸，會幫助我們放下內心和外在的牛。

練習五：療癒

吸氣，我看自己是五歲小孩。
呼氣，我對這五歲小孩微笑。
吸氣，我看自己五歲，脆弱無助。
呼氣，我諒解而慈悲地對他微笑。
吸氣，我看爸爸是五歲小孩。
呼氣，我對五歲的爸爸微笑。

五歲小孩
我微笑
脆弱無助
諒解而慈悲地微笑
爸爸五歲
我微笑

吸氣，我看爸爸五歲，脆弱無助。　　脆弱無助

呼氣，我諒解而慈悲地對他微笑。　　諒解而慈悲地微笑

吸氣，我看媽媽是五歲小孩。　　媽媽五歲

呼氣，我對五歲的媽媽微笑。　　我微笑

吸氣，我看媽媽五歲，脆弱無助。　　脆弱無助

呼氣，我諒解而慈悲地對她微笑。　　諒解而慈悲地微笑

吸氣，我看見爸爸五歲時所受的苦。　　爸爸五歲時受苦

呼氣，我看見媽媽五歲時所受的苦。　媽媽五歲時受苦
吸氣，我看見我內在有爸爸。　我內在有爸爸
呼氣，我對內在的爸爸微笑。　我微笑
吸氣，我看見我內在有媽媽。　我內在有媽媽
呼氣，我對內在的媽媽微笑。　我微笑
吸氣，我了解我內在爸爸的困境。　我內在爸爸的困境
呼氣，我願一起轉變父子的困境。　一起轉變父子的困境

吸氣，我了解我內在媽媽的困境。　我內在媽媽的困境

呼氣，我願一起轉變母子的困境。　一起轉變母子的困境

這個練習幫助許多年輕人和父母重新建立良好關係，並轉變他們小時候所形成的心理制約。有些人一想到父母就覺得憤恨悲傷。其實愛的種子永遠在父母，也在子女的心裡。但是，因為我們不知如何灌溉種子，尤其不知如何化解過去埋下並不斷加強的心理制約，以致兩代互相難以接納彼此。

第一步是看你自己為一個五歲小孩。在那麼小的

年紀，我們很容易受傷。一個嚴厲的眼光或喝斥責備，就能造成我們內心的傷害和情結。當爸爸傷害媽媽，或媽媽傷害爸爸，或父母彼此傷害對方時，都在我們內心種下痛苦的種子，並且一再澆水施肥。這樣持續到小孩長大後，他（她）就懷有許多痛苦的心結，並責怪怨恨父母。當我們看清楚自己是個無助的小孩時，我們會覺得憐憫，慈悲心會生起並打動我們，我們會諒解和慈悲地對這五歲小孩微笑。這是對自己所修的慈悲觀。

然後，看你自己的爸爸或媽媽為五歲小孩。通常我們眼中的爸爸是成人，可能很嚴厲且難以相處。不過，我們知道在他成人前也是個五歲小孩，就像我們五歲時一樣脆弱無助。我們看見每當他父親大發雷霆時，那個五歲小孩便噤若寒蟬、戰戰兢兢。我們見到那個小孩是他父親（我們的祖父）的脾氣、陰沉、吝嗇的受害者。如果你有家族相簿，用父母五歲時的相片來禪修可能有用。在禪修中，我們必須諒解那小男孩或小女孩，並慈悲地對他（她）微笑。我們必須看見他（她）的脆弱和無助，這樣我們會生出慈悲心和同情心。當慈悲心生起時，我們知道深入觀想及禪修已經開始有效果了。當我們能看見並諒解時，我們就能夠愛。

我們內在的心理制約會被這個練習轉化。由於諒解，我們開始能夠接受，我們將能以諒解和愛來回報並幫助父母轉變。我們知道自己辦得到。因為諒解和愛已經轉變了我們，讓我們比較能接受、比較溫柔、安祥，而且耐煩。

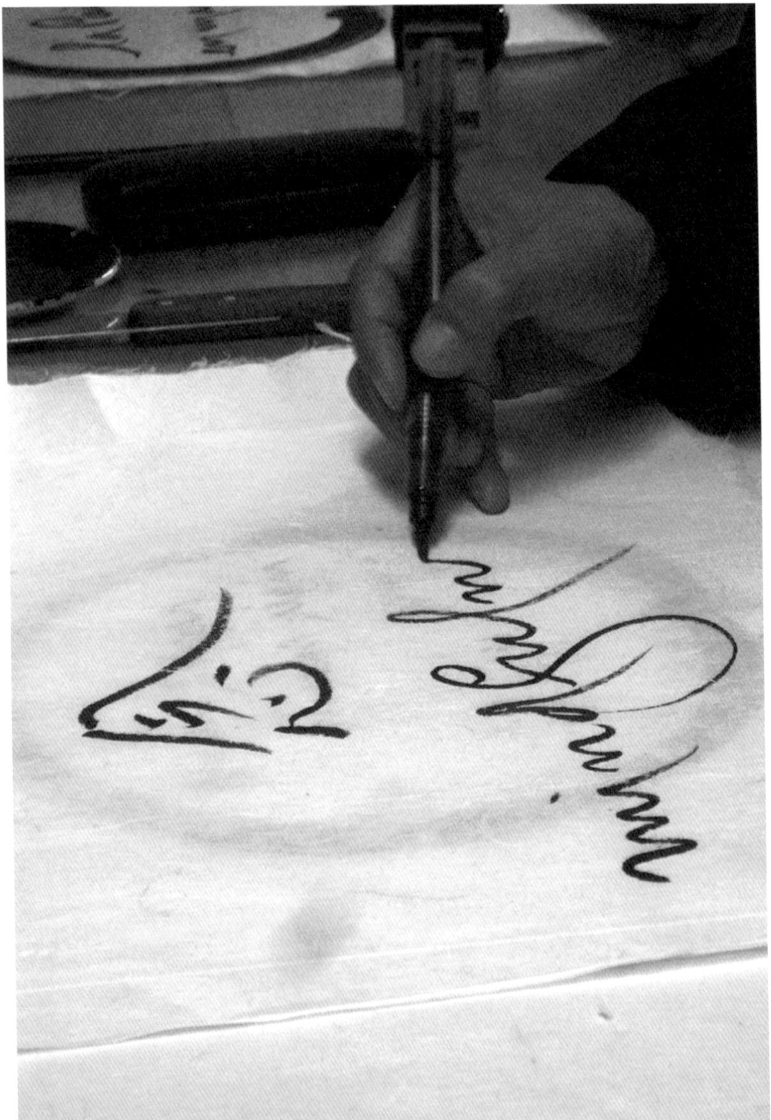

正念的力量

下面是一些佛教的祈禱短文，可以在一天中的不同時刻唸誦。要用這些祈禱文，不必是佛教徒，它們只是在日常生活中提供機會，讓任何人都可以回到當下。(11)

祈禱文

增長快樂

我修行的資源是自己的安祥快樂。

我願藉由生活中的正念增長它們。

(11) 這些祈禱文取自《當下最美好》（*Present Moment, Wonderful Moment*）（Berkeley, CA: Parallax Press, 1991）以及梅村課誦本。

為了祖先、家人、後代，以及全人類，我誓願好好修行。

我知道社會中有無數人正在受苦，沉溺於感官欲樂、忌妒，以及瞋恨中。

我決定好好照顧自己的起心動念，學習深入傾聽及慈言愛語以促進溝通了解，並且能接納與關愛。

修菩薩行，我誓願以慈愛之眼和了解之心來看；

我誓願以清明之心和悲憫之耳來聽；

為他人帶來安祥喜樂，減輕並去除眾生之苦。

我明白，無知和誤解能將世界變為燃燒的地獄。

我誓願永不離轉化之道，持續產生了解及慈愛；

我將能開墾出覺醒的花園。

雖然有生老病死，但既有修行之路，我便無有恐懼。

安定自由的生活是莫大的快樂，

每時每刻我都滿懷謝意，由衷感恩。

轉向如來

我們，你無數生的心靈小孩，
總是追求世俗之事，不能體認自心本具的清明純淨。
我們的身體、語言和心理行為向來不善，
我們沉溺在無明的貪愛、忌妒、瞋恨和憤怒中。
但是，現在偉大的鐘聲已敲醒我們，
下定決心更新我們的身心。
請幫助我們完全去除紅塵所有的惡行、錯誤和過失。

我們，你當下此刻的心靈小孩，
誓願去除所有習性，終生皈依僧寶。
佛陀啊！請伸出護祐的援手，
慈悲引導並協助我們。

願我們覺醒的花園百花繽紛齊放，
願我們為家家户户帶來安祥喜樂。
願我們種下萬行道上的良善種子，
願我們永不企圖逃避世間的苦難，

任何生命需要協助時，我們就在那裡。
願山川在此刻見證，
我們頂禮祈求佛陀的接納擁抱。

無來無去

這個身體不是我，我不該被此身體束縛。
我是無限的生命，從未出生也從未死亡。
看那大海及星空，從我奧妙的真心顯現。
從無始以來，我一向自由；

生死只是我們穿越旅途中的神聖門戶，
生死是迷藏的遊戲。

所以，與我同聲歡笑；
牽著我的手，讓我們互道再見，下一次的相遇再見。

我們今日相逢，明日將再相遇；
我們在每個當下的源頭相遇，
在生命的各種形式中相遇。

日常活動的偈頌

醒來

今晨醒來，我微笑；
二十四個嶄新的鐘點在面前等待，
我誓願要充分活在每個當下，
並且慈悲對待一切眾生。

攬鏡自照

覺知是一面鏡子，

映照出四大。
美麗就是一顆關愛的心以及開放的心靈。

打開水龍頭

水自高山流下，
水在地底流動，
奇蹟似地，水來到我們這裡，維持了一切生命。

洗手

水流經這雙手，
願我好好利用它們，

保護我們這顆珍貴的星球。

刷牙

刷著牙漱著口，
我誓願言語清淨慈愛。
當我因正語而口齒芳香時，
心中的花園也開出一朵花。

穿衣

穿上衣服，
我對裁縫以及布料心懷感激，
我願人人都有足夠的衣服穿。

擁抱禪修

吸氣，擁抱我的孩子實在快樂，
呼氣，我知道她真實地在我臂彎裡。

掃地

當我小心清掃覺悟之地時，
了解之樹自地下發芽長出。

清掃廁所

刷洗清掃多棒啊！

一天天地，心和心靈愈來愈清明。

行禪

心能千頭萬緒，
但在這條美麗的道路上，我安祥而行；
每一步，有清風拂面；
每一步，有花朵綻放。

園藝

土地給我們生命並養育我們，
土地也將我們回收。

洗菜

在這些蔬菜裡，我看見綠太陽。
所有的法匯合一起，讓生命成真。

丟垃圾

在垃圾裡，我看見玫瑰；
在玫瑰裡，我看見垃圾。
事事物物在轉變中，
甚至永恆也是無常。

梅村簡介

附錄 III

在法國的梅村道場 (Plum Village) 和美國的兩個禪修中心 (Deer Park Monastery和 Blue Cliff Monastery) 內，出家眾與在家眾都在修習一行禪師所遵奉的正念生活。無論是個人或與家人朋友，都歡迎前來參加禪修中心所舉辦的一天或更長時間的正念修習。想知道更多的訊息，請上網 www.plumvillage.org 或與以下的單位聯絡:

Plum Village

13 Martineau
33580 Dieulivol
France
Tel: (33) 5 56 61 66 88
info@plumvillage.org

Deer Park Monastery

2499 Melru Lane
Escondido, CA 92026
USA
Tel: (1) 760 291-1003
deerpark@plumvillage.org
www.deerparkmonastery.org

Blue Cliff Monastery

3 Hotel Road
Pine Bush, NY 12566
USA
Tel: (1) 845 733-4959
www.bluecliffmonastery.org

與生命相約

Cultivating the Mind of Love
The Heart of Understanding
Our Appointment with Life

作者｜一行禪師｜Thich Nhat Hanh
譯者｜明潔、明堯

……回過頭來看看本書的〈初戀三摩地〉，也許領受的就自然不同，一個二十四歲的比丘與二十歲比丘尼的愛，就再也不一定是驚世駭俗、難以接受之事。它只不過像我們生命中許多的所愛所惡般，攀緣的是如此自然，如此不自覺地就來到。

但可貴的是人有觀照的能力，眞正的行者所浮現與凡夫的不同就在於此。於是，這無明之愛由何而生？它是常或無常？有沒有可能完全禁閉？它的出現是純然？是考驗？還是墮落？就這樣覺性一起，戀愛竟就是道人最貼近、最屐痕斑斑的生命功課，過不過得了這一關，也就決定了……

——宗門行者 林谷芳

他教導我們如何深觀事物的本質，透過諦觀，我們會發覺到一切事物沒有獨立存在的自性，包括人都一樣，沒有陽光、雨露、大地的溫潤滋養，沒有其他眾生的幫助，人不可能存活於世間，這就是他所強調「互即互入」、《華嚴經》中所謂圓融無礙的道理，也正是佛法中所謂的「空性」。

他不說佛法中一些深奧的理論，反而是透過個人的體悟，將佛法深入淺出的闡釋出來，在他的說明中，佛法是簡單而易行的，沒有高妙深奧難解處，一切只在生活日用中，只在當下的覺念中。

——陳琴富（《中時晚報》執行副總編輯）

書系｜善知識系列
書號｜JB0006
定價｜240元

你可以不生氣

Anger: Wisdom for Cooling the Flames

作者｜一行禪師｜Thich Nhat Hanh
譯者｜游欣慈
暢銷韓國300,000冊　　美國單週銷售100,000冊
13個國家譯本　　Amazon網路書店2001年暢銷書

把憤怒當做自己的孩子

當憤怒生起時，表示我們的感情已受到傷害。我們必須清楚的是，憤怒就是我們自己。一行禪師提醒我們，把憤怒當作自己的孩子，好好地擁抱他、照顧他。受傷的孩子只要得到好的照料，很快就可以復原了。

—— 游祥州（世界佛教友誼會執行理事）

轉化爲正面能量

通常我們處理負面的情緒都是採取抗拒或是逃避的方式，對於生氣、恐懼、乃至於失戀或是病痛，莫不是如此。但是抗拒只會帶來更大的創傷和痛苦，而逃避也無法眞正解決問題，終究還是必須面對。一行禪師採取的是一種「轉化」的藝術，把內心負面的能量轉化成正面的能量。然而「轉化」必須透過禪修的實証和體會，才有能力在面對境界時泰然處之。

—— 陳琴富（《中時晚報》執行副總編輯）

烽火傷痛中走出一段傳奇

六〇年代的一行禪師，還是年輕的禪宗和尚，卻已在時局考驗下，必須在「清修／走入社會」中做抉擇……組織上萬名出家人及在家人，成立草根性質的「青年服務隊」，盡力協助被轟炸的村落、建立學校和醫護中心、安置無家可歸的家庭和組織農耕隊……

是何等心腸，才能容納如許傷痛和戰火離亂，而不生瞋恨？一行禪師竟在命若懸餘的災厄處境中，鍥而不捨地倡導不抵抗主義與和平共存……

—— 奚淞

書系｜善知識系列
書號｜JB0009
定價｜230元

正念的奇蹟　每日禪修手冊

The Miracle of Mindfulness

作者｜一行禪師｜Thich Nhat Hanh
譯者｜何定照

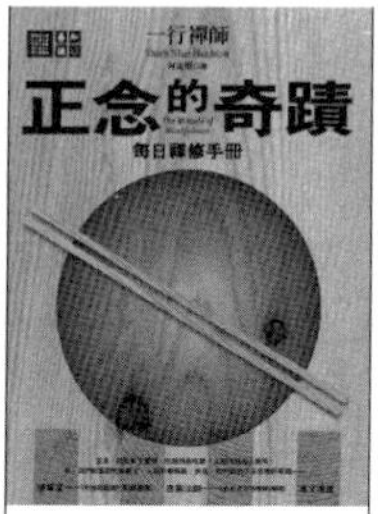

生命只在念念分明的此時此刻

一行禪師以他最單純的心境，把觀呼吸和四念處的法義，透過簡潔易懂的文字，讓我們能在日常生活中運用自如。如果我們懂得在每一個當下提起正念、念念分明，我們就不會有煩惱，而且可以安住當下，內心中流洩出平靜的自在和喜樂。

很多人把修行和生活分開，修行的時候坐在靜室裡，不讓旁人打擾，生活的時候又攪在煩惱痛苦之中，如此硬生生地將修行和生活切成兩半，這是完全不懂得修行的法要。一行禪師明白地告訴我們，生命只在念念分明的此時此刻，心念離開當下就是拖死屍的人，離開覺性也等於是夢中人。

——陳琴富（《中時晚報》執行副總編輯）

日常生活是通往奇蹟的入手處

在一行禪師的字裡行間，學派傳統不被提及，有的只是經典名稱，也沒有太多的佛學專有術語，讓人讀來貼切感動的是他溫厚直接的觀察，沒有價值判斷、道德訓示，而是對現象的可改進處提供一套細膩貼切的方法。這種禪風呼應出嚴峻禪門中的溫厚慈悲，但卻沒有落入任何形式。相反地，修行是每個人的日常生活：洗碗、喝茶、走路、陪太太孩子及別人說話。禪修可以無所不在，出禪堂、下坐後，正是用功的好時機。藉由正念禪，日常生活的點滴不再是瑣碎無意義的細節枝末，而是通往「奇蹟」的入手處。

——自鼐法師（香光尼眾佛學院講師）

書系｜善知識系列
書號｜JB0013
定價｜220元

你可以，愛　慈悲喜捨的修行

Teachings on Love

作者｜一行禪師｜Thich Nhat Hanh
譯者｜鄭維儀
譯文校訂｜鄭振煌

諦觀眞愛

在佛教的詞彙中，「愛」被界定爲一種無明的欲貪，是生死輪迴的根本。佛教認爲無緣大慈、同體大悲才是空性智慧的表現，所以佛教只談慈悲，不作興談愛。儘管如此，這是名詞的習慣性用法。跳脫語言文字的迷障，用大家所習慣的「愛」這個字來象徵佛教的「慈」，應該也是無可厚非。

一行禪師是當今佛教界的龍象，是詩人，是禪師，是和平運動者，是著作等身的名作家。他的著作以多種文字暢銷全球，筆觸帶感情，溫柔敦厚，富於想像力，觀察細膩，析理清晰，禪機無限。讀他的書，就好像在聽一位鄰居長者_說心事，沒有說教，沒有責備，只有關懷，只有鼓勵，窩心得會令人向他撒嬌。

本書呈現一代大師修行的心得精華，從慈悲喜捨談到愛的修行，一方面引用佛經上的話，一方面就日常生活的例子做說明。作者擅長古書今說，更因爲常年居住在西方國家指導禪修，所以能扣緊現代社會的脈動，體察人心，鞭辟入裡。

佛法本來是不離世間法的，在人世間落實佛法，才是釋迦牟尼設教的本懷。本書可以當作慈悲喜捨四無量心的修行指南，是從事公益人士的必備工夫，更是每一個人修身養性的作家手冊。

書系｜善知識系列
書號｜JB0037
定價｜220元

善知識 JB0042X

祈禱的力量

The Energy of Prayer:How to Deepen Your Spiritual Practice

作者：一行禪師 Thich Nhat Hanh
譯者：施郁芬

責任編輯	劉昱伶
業　　務	顏宏紋
總 編 輯	張嘉芳
出　　版	橡樹林文化 城邦文化事業股份有限公司 104台北市民生東路二段141號5樓 電話：(02)2500-7696　傳真：(02)2500-1951
發　　行	英屬蓋曼群島商家庭傳媒股份有限公司城邦分公司 104台北市中山區民生東路二段141號5樓 客服服務專線：(02)25007718；25001991 24小時傳真專線：(02)25001990；25001991 服務時間：週一至週五上午09:30～12:00；下午13:30～17:00 劃撥帳號：19863813　戶名：書虫股份有限公司 讀者服務信箱：service@readingclub.com.tw
香港發行所	城邦（香港）出版集團有限公司 香港灣仔駱克道193號東超商業中心1樓 電話：(852)25086231 傳真：(852)25789337 Email：hkcite@biznetvigator.com
馬新發行所	城邦（馬新）出版集團【Cité (M) Sdn.Bhd. (458372 U)】 41, Jalan Radin Anum, Bandar Baru Sri Petaling, 57000 Kuala Lumpur, Malaysia. 電話：(603) 90563833　傳真：(603) 90576622 Email：services@cite.my
內　　文	吳懿儒
封　　面	周家瑤
印　　刷	中原造像股份有限公司 初版一刷　2007年08月 二版二刷　2023年07月 ISBN：978-626-96138-5-4 定價：300元

城邦讀書花園
www.cite.com.tw

國家圖書館出版品預行編目資料

祈禱的力量 / 一行禪師(Thich Nhat Hanh)著；施郁芬譯. -- 二版. -- 臺北市：橡樹林文化出版：城邦文化事業股份有限公司：英屬蓋曼群島商家庭傳媒股份有限公司城邦分公司發行, 2022.06

面； 公分. --（善知識系列；JB0042X）

譯自：The energy of prayer：how to deepen your spiritual practice

ISBN 978-626-96138-5-4（精裝）

1.佛教修持 2. 祈禱

225.7 111008241